Siegfried Junghans

Wir Schwaben

Siegfried Junghans

Wir Schwaben

Sieben Fabeln zum Beginn
schwäbisch-alemannischer Geschichte

Mit Zeichnungen von Elke Knittel

Süddeutsche Verlagsgesellschaft Ulm

1. Auflage 1988

Gesamtherstellung:

ISBN 3-88 294-133-2

Inhalt

Vorwort

Als der Verfasser vor vielen Jahren mit der Wiederaufstellung der Archäologischen Sammlungen des Württembergischen Landesmuseums in Stuttgart betraut wurde, da lag es für ihn nahe, das, was ihn den Tag über beschäftigt hatte, am Abend auch seinen heranwachsenden Kindern zu vermitteln.

Einige der kleinen Geschichten, die er dessentwegen für sie ersann, blieben in der Erinnerung haften, darunter auch jene, die sich mit unseren schwäbisch-alemannischen Vorfahren, den Sweben und Alamannen, befaßten. Sie wurden an Freundinnen und Freunde weitergegeben und schließlich den Enkelkindern erzählt. Dabei zeigte sich, daß offenbar alle Altersstufen Freude an den Fabeln fanden und die Neugier auf deren historischen Hintergrund wuchs. Dem Wunsche, diese Neugier zu befriedigen, verdankt das kleine Buch ›Sweben – Alamannen und Rom. Die Anfänge der schwäbisch-alemannischen Geschichte‹ seine Entstehung.

Wenn nun auch die Fabeln veröffentlicht werden, so geht dies auf die Initiative von Frau Dr. Elke Gerhold-Knittel und Frau Dr. Rotraut Wolf zurück. Den beiden Kolleginnen, von denen Frau Dr. Gerhold-Knittel die Öffentlichkeitsarbeit des Württembergischen Landesmuseums, Frau Dr. Wolf dessen Frühmittelalter-Sammlungen betreut, sei an dieser Stelle für Rat und Hilfe gedankt. Nicht minder Herrn Dr. Ulrich Klein, dem Leiter des Münzkabinetts des Württembergischen Landesmuseums, der Frau Dr. Wolf bei der Auswahl der Gegenstände unterstützte, die auf den 16 Farbtafeln abgebildet sind. Gedankt sei auch Frau Karla Kirsch, die sich mit viel Geduld dem nicht immer einfachen Schreiben des Manuskriptes widmete. Verpflichtet ist der Verfasser ferner dem Württembergischen Landesmuseum Stuttgart, das die Abbildung seiner prachtvollen Objekte erlaubte.

Nicht zuletzt aber hat er Herrn Udo Vogt und der Süddeutschen Verlagsgesellschaft Ulm zu danken, die auf das liebenswürdigste die Herstellung dieses Buches förderten.

Zweifach die Mitgift, die euch dieses Büchlein bringt, dieweil's zum Lächeln und auch nachzudenken zwingt. Doch kreidet einer an mir's als Verbrechen, ich ließ auch Bäume, nicht nur Tiere sprechen, so mag er dies bedenken: daß mein Scherzgedicht von Dingen, die erfunden sind, nicht wirklich, spricht.

Phaedrus. Römischer Fabeldichter.
(1. Jahrhundert n. Chr.).

Forha

Es war einmal vor
mehr als zweitausend
Jahren . . .

DER ELF AUS DER KIEFER

Es war einmal vor mehr als zweitausend Jahren, da lebte dort, wo heute die große Stadt Berlin steht, ein blondes, blauäugiges Mädchen. Das wurde von allen Leuten Forha genannt, was in unserer heimischen Sprache ›Die Forche‹, also die Kiefer, bedeutet.

Forhas Eltern waren Bauern und bestellten das weite Land, in dem noch lange nicht so viele Menschen wohnten wie heute. Doch wie viele andere Leute, so meinten auch sie, sie hätten zu wenige Weiden für ihr Vieh und zu wenige Felder, um von deren Früchten satt zu werden. Und als die jungen Krieger des Swebenbundes, dem auch Forhas Volk angehörte, von Ariovist, einem berühmten Heerkönig, aufgerufen wurden, mit ihm neues Land zu suchen, da wollten Forhas Eltern sogleich mitziehen.

Auch Forha wünschte dies, denn obwohl sie noch sehr jung war, hatte sie sich in einen der stolzen Krieger des Königs verliebt und hoffte, ihn auf dem Wanderzuge häufiger zu sehen als bisher.

Der Abend vor dem Beginn des Zuges war angebrochen, und Forha ging hinab zu dem kleinen See, an dessen Ufer eine mächtige Kiefer stand. Die war des Mädchens Patentante, und ihr vertraute es all seine geheimen Wünsche an. Gemächlich ließ es sich unter dem Baume nieder und begann, an einem herabgefallenen Zweig zu knabbern. Doch wie es eben dachte »Was wird mein Held jetzt wohl tun?« hörte es ein ängstliches Schreien, und ein winziges Eichhörnchen kam in vollem Laufe dahergesprungen.

»Rette mich«, rief es aus Leibeskräften, »rette mich«, und schnell verbarg es sich in des Mädchens Rock.

Forha blickte auf und das Herz schlug ihr bis zum Halse. Da sprang aus der Scheibe des aufgehenden Mondes eine riesige Wildkatze. Ihre Augen leuchteten in das Dunkel wie grünliche Flammen, ihr Fell wehte gleich Fahnen um ihren Körper, und als sie näher kam, kreischte sie: »Gib das unnütze kleine Ding heraus, oder ich werde dir dein hübsches Gesicht zerkratzen, daß du ein Leben lang an mich denken wirst.«

Da sprang aus der Scheibe des aufgehenden Mondes eine riesige Wildkatze.

»Beschütze mich«, jammerte das Eichhörnchen entsetzt, doch leise fügte es hinzu, »schlage sie, wenn du den Mut dazu hast, mit dem Zweig in deiner Hand auf Kopf und Schwanz und rufe: Katze, Katze wild und stolz, wandle dich zu Kraut und Holz! Sie wird dir nichts anhaben können, und es soll dein Schaden nicht sein.« Forha sprang auf, und derweil das Eichhörnchen davonhüpfte, schlug sie die Katze auf Kopf und Schwanz und rief: »Katze, Katze wild und stolz, wandle dich zu Kraut und Holz!«

Und siehe dort, wo das schreckliche Tier gestanden, da war nichts als ein wenig altes Wollgras, das im Winde wehte und zwei Stückchen faulenden Holzes, die im Mondlicht glänzten.

Doch als das Mädchen sich umwandte, um nach dem Eichhörnchen zu sehen, trat unter dem Baum ein Männlein hervor, das war nicht mehr als eine Handspanne hoch. Es hatte dunkles Haar und kohlschwarze Augen, und seine Stimme klang so fein wie Vogelgezwitscher, während es sich artig vor Forha verneigte und sprach: »Ich bin der Bewohner der Kiefer, deiner Patentante, und heiße Harz. Du hast mich vor einer bösen Hexe gerettet, die mir seit langem nachstellte, nun ist sie tot, und du sollst dir von mir wünschen, was immer du begehrst.«

Forha betrachtete den Elf und überlegte. Da gab es eine Menge zu wünschen: ein neues Gewand, ein Paar guter Schuhe, reichlich zu essen und zu trinken und vieles andere mehr.

Eines aber begehrte sie am meisten, und als sie sich zu Harz herabneigte, flüsterte sie verlegen: »Ich möchte die Frau des stolzen jungen Kriegers werden, den sie Falcho, den Falken, nennen.«

Harz sah sie nachdenklich und ein wenig traurig an: »Dein Wunsch soll dir erfüllt werden«, antwortete er endlich, »aber wisse, wenn es unbedingt Falcho sein soll, den du für dich gewinnen willst, wirst du in große Not geraten; doch, wenn du meiner bedarfst, rufe mich und sprich: Elfen, Elfen eilt herbei, löst die Fesseln, macht mich frei! Vergiß dies Verslein nicht, sonst wirst du verloren sein, und nun hab' Dank und lebe wohl.«

Mit diesen Worten verschwand der Elf unter den Wurzeln des Baumes, und Forha war allein. Der Mond war vollends aufgegangen, und die stille Luft des Spätsommers war erfüllt vom Duft des Kiefernharzes.

»Was hab' ich mir da nur wieder zusammengeträumt«, lachte das Mädchen über sich selbst. Aber als es sich anschickte, nach Hause zu gehen und zum Abschied den Stamm der Kiefer berührte, da vermeinte es, aus ihrem Wipfel ein feines Stimmchen zu hören, das ihm versprach, die Frau des Kriegers zu werden, der dem Könige diente.

. . . trat unter dem Baum ein Männlein hervor . . .

DAS GASTMAHL

Seit zwei Jahren waren die Sweben nun unterwegs. Kaum hatten sie das Korn gedroschen, das sie im Frühjahr ausgesät, als sie ihre Hütten auch schon wieder verbrannten, die Rinder vor die Wagen spannten und aufbrachen. Bis der erste Schnee fiel, waren sie weiter und weiter gezogen, hatten Flüsse überquert, Berge überwunden und sich mit allen herumgeschlagen, die sich ihnen in den Weg stellten. Aber die meisten, denen sie begegneten, waren ausgewichen oder hatten sich ihnen gar angeschlossen, denn sie meinten, mit den Sweben könnten sich nicht einmal die unsterblichen Götter messen.

Unter alledem war Forha vergnügt und guter Dinge, und wenn die langen Reihen der Wagen sich zu neuer Fahrt rüsteten, saß sie neben ihrer Mutter auf dem Kutschbrett und fiel mit ihrer hellen Stimme in den Singsang ein, der von allen Seiten die Rinder antrieb.

Dann und wann kam ihr Vater herangeritten, der einen Trupp der Reiter führte, die den Zug beschützten, und Forha freute sich. Noch mehr jedoch freute sie sich, wenn der König und sein Gefolge sie alle an sich vorüberfahren ließen, denn neben dem König hielt auf einem wunderhübschen Braunen, Falcho, ihr stolzer Krieger, und wenn Forha ihm zulachte, grüßte er freundlich zurück.

Des Abends aber, wenn die Wagen zu einem großen Kreis aufgefahren waren, in dem sich ein jeder geborgen fühlte, wenn die Kessel über den Feuern dampften und der König und seine Helden von Feuer zu Feuer gingen und mit den Männern und Frauen redeten, da mochte es wohl geschehen, daß sie auch bei Forhas Eltern stehenblieben. Und Forha kroch danach glücklich unter die Decken, die ihre Mutter auf dem Wagen zurechtgelegt hatte, und lauschte dem Wind, der die große Plane rascheln und singen ließ, die das Innere des Wagens vor Sonne und Regen schützte.

... saß sie neben ihrer Mutter auf dem Kutschbrett ...

Weitere Jahre vergingen, und die Sweben, die den breiten Rheinstrom überquert hatten, zogen im Lande der Gallier umher, um einmal diesem, einmal jenem Kriegsdienste zu leisten. Doch als sie schließlich des Kriegführens und des Umherziehens müde waren und für ihre Dienste Land begehrten, da hätten die Gallier sie am liebsten dorthin zurückgeschickt, woher sie gekommen waren. Da sie sich aber fürchteten, dies König Ariovist wissen zu lassen, beschlossen sie, ihn heimlich zu töten. Es war Winter geworden, und die Sweben hatten sich Hütten gebaut, neben denen ihre Wagen standen. Die längste Nacht war vorüber, und alle bereiteten sich auf das Gastmahl vor, zu dem König Ariovist die Vornehmen der Gallier geladen hatte. Sie zu bewirten, stand auch Forha bereit, und in der Hütte des Königs, in der sich die Männer um ein mächtiges Faß drängten, schenkten sie und ihre Freundinnen Met in die vorgehaltenen Becher.

So auch diente Forha König Ariovist und einem Fürsten der Gallier. Da sah sie, wie dieser heimlich ein Pulver in den Becher des Königs schüttete.

»Was nur soll ich tun«, überlegte erschrocken das Mädchen, dann aber trat es schnell an den König heran, nahm dem Überraschten den Becher aus der Hand und trank ihn bis zur Neige.

Lange Zeit verging, bis Forha aus dem tiefen Schlaf erwachte, in den sie das Gift versetzt hatte, das sie aus dem Becher König Ariovists getrunken. Der zornige König aber hatte Boten zu allen geschickt, die mit ihm gezogen waren und geschworen, er werde nicht eher ruhen, bis er die Gallier geschlagen und ihnen ihr Land weggenommen habe. Forha jedoch solle fortan zu seinen Diensten stehen.

Wer hätte darüber glücklicher sein können als das tapfere Mädchen, und als der Sommer anbrach, zog es, von Vater und Mutter geleitet und in seinem besten Gewand, zum Hofe des Königs.

... wenn die Kessel über den Feuern dampften ...

IM MOOR

Fünf Jahre waren vergangen seit Forha ihren Dienst am Hofe des Königs aufgenommen hatte. Aus dem kleinen Mädchen war eine junge Frau geworden, und noch immer liebte sie Falcho, den stolzen Krieger, den sie nun häufig sah, wenn er die Töchter Ariovists aufsuchte, denn dieser hätte ihm gar zu gerne eine davon zur Frau gegeben. Im übrigen aber war der König dabei, seinen Schwur wahrzumachen, und er nahm den Galliern ihr Land Stück für Stück ab, bis diese Mut faßten und beschlossen, die Eindringlinge endlich zu vertreiben.

Es war ein heißer Spätsommertag, und die Sweben ruhten, von der Hitze ermüdet, im Schatten ihrer Wagen.

Zwar drohten von nicht allzuweit her die Wälle und Türme einer Stadt der Gallier, doch lag dazwischen ein großes Moor, und die Sweben fühlten sich sicher.

Forha trug Wasser von der nahegelegenen Quelle zu den Wagen, als sie Falcho begegnete. Und wie sie, den Krug auf dem Kopfe so dahinschritt, schien sie dem Manne die schönste Jungfrau, die er jemals gesehen, und er bat sie, seine Frau zu werden.

Forha war überglücklich, doch wer beschreibt ihr Herzeleid, als der König seinem Helden verbot, sie zu heiraten.

»Sie hat mir das Leben gerettet und ist die Tochter eines freien Mannes, doch du, Falcho, wirst eine Bessere finden«, meinte er und hatte dabei eine seiner Töchter im Sinne.

»Was soll ich nun noch länger leben«, klagte Forha, und voller Bitterkeit erinnerte sie sich an das Versprechen, das ihr der Elf aus dem Wipfel der Kiefer zugerufen hatte. »Auf dies winzige Volk ist kein Verlaß«, sprach sie zu sich selbst, »es belügt und betrügt uns Menschen, wo immer es kann.«

Der Abend nahte, und Forha ging hinunter zu dem dunklen Moor, über dem kleine Lichter tanzten. »Ich werde diesem da, das so hell leuchtet, nachgehen«, dachte sie, »es wird mich gewiß in den Tod führen.« Aber wohin sie dem Lichtlein auch folgte, ihre Füße fanden immer festen Halt.

Wie lange sie so gegangen war, wußte sie nicht, als sie Stimmen vernahm und das Klirren von Waffen, und ehe sie sich's versah, liefen vier Krieger der Gallier auf sie zu.

»So mag denn dies mein Ende sein«, sagte die Jungfrau und blieb mutig stehen. Da hörte sie ein feines Stimmchen flüstern: »Forha, Forha, sei nicht dumm, wirst Frau des Helden, kehre um«, und Forha lief. Doch es war zu spät, ein Pfeil traf sie in den Rücken und sie stürzte.

»Laßt das Mädchen liegen«, sagte einer der Gallier. »Sie ist tot, und wenn der Morgen graut, werden unsere Feinde allesamt tot sein.«

Forha aber war nicht tot. Langsam kroch sie über das Moor und den Weg zurück, den sie gekommen war. »Ich muß sie warnen«, redete sie sich Mut zu, »und alle meine Kraft zusammennehmen. Im Morgengrauen werden die Gallier das Lager überfallen, und es wird auch um meinen stolzen jungen Krieger geschehen sein.«

. . . und er bat sie, seine Frau zu werden.

Fern im Osten zeigte sich ein schwacher Schimmer, als Forha das Lager erreichte und um Hilfe rief. Hei, wie wurden da die Sweben wach, als sie begriffen, wie sorglos sie gewesen und welche Gefahr ihnen drohte.

»Laßt die Wagen stehen wo sie sind«, befahl König Ariovist, »verbergt euch, nehmt das Mädchen mit und pflegt es gut. Wenn wir die Gallier geschlagen haben, werden wir über sein weiteres Schicksal beraten.«

Und so geschah es. Als die Gallier in das Lager eindrangen, fanden sie niemanden, dem sie nach dem Leben hätten trachten können, und als sie sich zurückziehen wollten, da fielen die Sweben über sie her und warfen sie in das Moor, daß kaum einer von ihnen entkam. König Ariovist aber versprach Falcho, seinem Krieger, ihm Forha übers Jahr zur Frau zu geben und ihre Hochzeit selbst zu rüsten.

... ein Pfeil traf sie in den Rücken und sie stürzte.

GEFANGEN

Ein Jahr war vorüber, und Forha und Falcho warteten darauf, daß König Ariovist sein Versprechen einlöse. Doch den erfüllten andere Sorgen. Der Feldherr der Römer zog mit einem großen Heere heran, um den Galliern beizustehen, und ließ ihm sagen, sie wollten darüber sprechen, was die Sweben hier im Lande zu suchen hätten.

»Ihr Feldherr ist klein, und als er den Helm abnahm, sah ich, daß er kaum noch Haare auf dem Kopfe trägt«, berichtete Falcho, der König Ariovist begleitet hatte, Forha. »Und«, fuhr er fort, »sie sind auch feige, denn als wir an die Leibwächter des Römers heranritten und ihnen zum Spaß Speere und Steine zuwarfen, zogen sie sich sogleich zurück. Gewiß, es sind ihrer viel mehr als wir, doch brauchst du keine Angst zu haben, wir werden sie jagen wie Hasen.«

König Ariovist jedoch, der ein kluger Mann war und viel gesehen und gehört hatte, dachte anders als seine jungen Krieger. »Werden wir sie schlagen und uns über den Rheinstrom retten können?« befragte er die weisen Frauen der Sweben, »werft die Lose und sagt mir die Wahrheit.«

Und die weisen Frauen warfen die feinen Knöchelchen aus der Ferse der Lämmer, die die Zukunft vorhersagen, und rieten dem König, die Schlacht gegen die Römer nicht vor dem Wechsel des Mondes zu wagen.

Ariovist folgte ihrem Rat, und eines Morgens, als die Römer sich dessen nicht versahen, durchbrachen die Sweben die Schlachtreihen ihrer Feinde und erreichten das andere Ufer des Rheines.

Auch Forha war bis zum Ufer des Stromes gelangt; dann aber kehrte sie um und verbarg sich in einem Gebüsch. Mutig hatte Falcho gegen die verfolgenden Römer gekämpft, schließlich aber war sein Helm, der mit den Flügeln des großen Falken geschmückt war, nicht mehr zu sehen gewesen, und Forha fürchtete, daß er zwischen den erschlagenen swebischen Kriegern liege, deren Leiber das Feld vor ihr bedeckten.

. . . zwei römische Soldaten kamen langsam heran.

Noch wartete sie, bis es anfing, dunkel zu werden, dann begann sie, ihren Liebsten zu suchen. Falcho lag neben seinem toten Braunen. Eine Lanze hatte ihn zu Boden gestreckt und Blut drang aus der tiefen Wunde in seiner Brust. Forha saß nieder, barg sein Haupt in ihrem Schoß, und ihre Tränen flossen über das Gesicht des jungen Kriegers, denn sie vermeinte, er sei tot. Aber als sie laut begann, um ihn zu klagen, öffnete Falcho die Augen und sprach mit schwacher Stimme: »Fliehe, liebste Forha, fliehe, oder die Römer werden dich gefangennehmen!«

Er hatte dies kaum gesagt, da hörte Forha Schritte in ihrem Rücken, und zwei römische Soldaten kamen langsam heran. »Sieh da«, rief der eine und leuchtete Forha mit einer Fackel ins Gesicht, »welch ein hübsches Mädchen, laß es uns mitnehmen und verkaufen, es wird uns ein schönes Stück Geld einbringen.«

»Und den da, den es so fest in seinen Armen hält, nehmen wir auch gleich mit«, frohlockte der andere, »schau nur seine prächtigen Waffen, er muß ein berühmter Krieger sein, und unser Feldherr wird sich freuen.«

. . . huschten wohl an die hundert Mäuse.

Und sie brachten Forha und Falcho in das Lager der Römer und banden sie mit festen Stricken vor eines der vielen Zelte, die dort standen.

»Nun werden wir für immer getrennt werden«, weinte Forha und versuchte, das Blut zu stillen, das aus der Wunde ihres Helden drang. Aber als ihr Blick auf die Fesseln fiel, die den Knöcheln ihrer Füße so bitter weh taten, erinnerte sie sich des Sprüchleins, das der Elf aus der Kiefer ihr einst vorgesagt hatte.

»Was mag das schon nutzen«, schluchzte sie traurig, doch leise sprach sie: »Elfen, Elfen eilt herbei, löst die Fesseln, macht mich frei.«

Da stand plötzlich ein Männlein vor ihr, das war nicht

mehr als eine Handspanne hoch. Ohne ein Wort zu verlieren, schwang Harz, der Elf aus der Kiefer, sein zierliches Stöckchen und siehe da, aus dem Stroh, das überall aus den Zelten der Römer hervorsah, huschten wohl an die hundert Mäuse. Im Nu waren die derben Stricke zernagt, und leise rief Harz der Jungfrau zu:

»Stütze deinen Liebsten und folge mir.«

»O weh«, dachte Forha, »die Wachen der Römer werden uns gewiß bald entdecken«; aber sie schritten an den Soldaten vorbei, als wären sie unsichtbar geworden, und schnell hatten sie den Fluß erreicht.

Der gewaltige Strom toste und brauste, und Forha war voller Angst. Doch als im Dunkeln ein mächtiger Stamm dahergeschwommen kam, faßte sie Falcho fester und klammerte sich an die Zweige der Kiefer, die sie alle drei sicher zum anderen Ufer trug.

. . . die sie alle drei sicher zum anderen Ufer trug.

»Dort sind die Euren«, meinte der Elf und wies ihnen den Weg. »Lebt wohl und werdet glücklich miteinander.«

Forha und ihr Held heirateten bald darauf, und König Ariovist rüstete ihnen selbst die Hochzeit. Nicht fern der Stelle, an der sich der Main in den Rhein ergießt, errichteten sie ihre Hütte, und sie hatten viele Töchter und zahlreiche Söhne, die erstaunliche Taten vollbrachten. Doch davon sollen uns die nächsten Fabeln berichten.

Lint

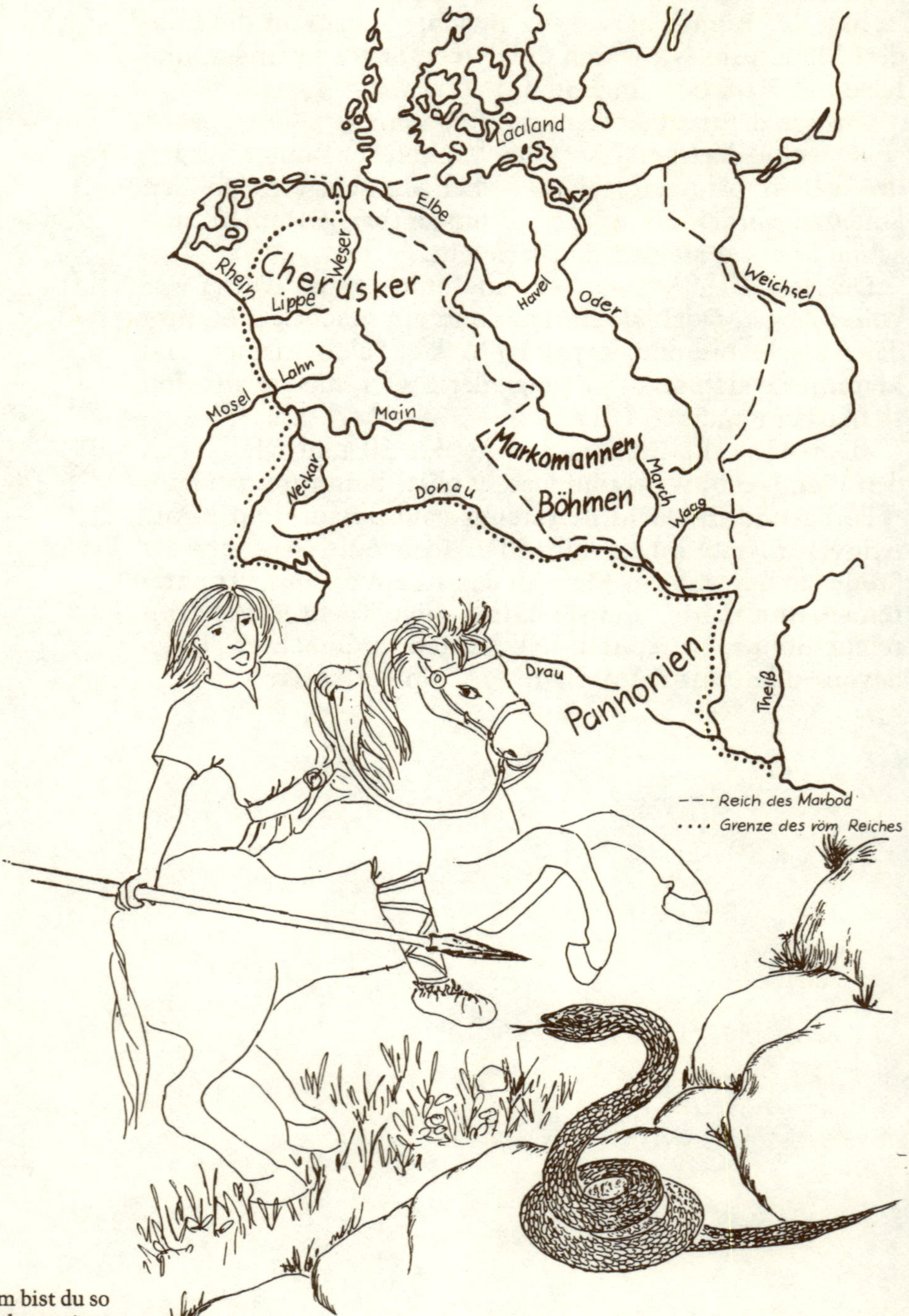

»Warum bist du so unfreundlich«, meinte die Schlange ruhig, »tat ich dir etwas zuleide?«

WIE LINT SEINEN NAMEN ERHIELT

Wohl ein Menschenalter war vergangen, da genas Forhas Enkeltochter eines Knaben, den riefen sie späterhin Lint. Lints Vater war Schmied, und als der Tod ihm das Werkzeug aus der Hand nahm, da hatte sein Sohn soviel seiner Kunst erlernt, daß es weit und breit keinen gab, der es darin mit ihm hätte aufnehmen können.

Zu jener Zeit wählte das Volk, dessen Hütten an der Grenze des großen Bundes der Sweben standen und die deshalb von ihren Nachbarn die »Grenzmänner« genannt wurden, einen kühnen jungen Krieger zu ihrem Fürsten. Und Fürst Marbod, der in römischen Diensten gestanden, wußte, daß die Römer sich zum Kriege rüsteten und führte sein Volk nach Osten.

Doch als die Sweben ihre neue Heimat, das Böhmerland, nach langer Wanderung erreicht und ihre Hütten gebaut hatten, war ihnen nichts geblieben als mageres Vieh und etwas Korn, und da sie zu schwach waren, um ihren Nachbarn wegzunehmen, wessen sie bedurften, litten sie Hunger und murrten gegen Marbod.

Lint, der ob seiner Kunstfertigkeit die Freundschaft des Fürsten gewonnen hatte, war darüber traurig. »Wie nur kann ich ihm helfen«, dachte er, »es fehlt ihm das Gold, um den Leuten Vieh und Korn zu kaufen und ihren Hunger zu stillen«, und nachdenklich ritt er dem Gebirge zu, das in der Ferne aufragte.

Fünf Tage schon zog Lint in den Bergen die Kreuz und die Quer, doch fand er nicht, was er suchte. So war er auch den sechsten Tag unterwegs, als sein Pferd scheute und laut zu wiehern begann.

»Was ist, Roter«, rief Lint, »vorwärts!«

Doch das Tier blieb stehen und zitterte vor Angst, und auch Lint erschrak, denn auf einem der von der Sonne erwärmten Steine lag eine prächtige Schlange.

»Geh mir aus dem Weg«, schrie Lint und hob den Speer zum Wurf.

»Warum bist du so unfreundlich«, meinte die Schlange ruhig, »tat ich dir etwas zuleide?«

»Nein«, entgegnete Lint und schämte sich ein wenig, »verzeih, aber ich möchte meinem Könige helfen, doch finde ich nicht, was ich suche.«

»Schon gut«, sagte die Schlage, »du bist ein höflicher Bursche, dein blondes Haar und deine grauen Augen sind

Darin lag ein Reif, wie Lint ihn noch niemals geschaut.

hübsch anzusehen, laß uns ein Abkommen treffen«; und als sie sah, daß Lint zustimmend nickte, fuhr sie fort: »Heute morgen hat mir die Elster, die dort oben in der Felswand ihr Nest hat, meinen Reif gestohlen, wenn du ihn mir wiederbringst, so soll deinem Fürsten geholfen werden.«

Lint sah hinauf zu der hohen Wand, in der das Nest der Elster lag.

»Bleib stehen, Roter«, sagte er, saß von seinem Pferde ab und begann, den Felsen hinaufzuklettern. Doch je höher er hinaufgelangte, desto weniger Halt fanden seine Hände und Füße, und es dauerte lange, bis er das Nest erreichte. Darin lag ein Reif, wie Lint ihn noch niemals geschaut; er war aus purem Golde, und in den Schlangenköpfen, die seine Enden zierten, funkelten anstelle der Augen rote Steine.

Der Schmied barg das Kleinod unter seinem Wams und kletterte herab. »Hier hast du das Deine zurück«, meinte er und legte der Schlage den Reif behutsam um den Hals. »Kannst du mir verraten, du seltsames Tier, wer dies Kleinod gefertigt hat?« Doch die Schlange antwortete ihm nicht.

»Vergiß nicht Form, vergiß nicht Stein, die Freiheit bringen sie dir ein«, zischte sie nur, bevor sie rasch eine Schlucht hinaufglitt, die nicht weit von der Stelle entfernt war, an der Lint ihr einst begegnete. Lint ging ihr nach, und während er so dahinschritt, vermeinte er, zwischen den Steinen ein Glitzern zu sehen und blieb stehen.

»Komm weiter«, lachte die Schlange, »dies ist nur der Anfang«, und siehe, als sie haltmachte, da lag vor Lint ein Klumpen reinen Goldes, der war so schwer, daß ein Mann ihn eben aufheben konnte.

»Hab' Dank«, sagte Lint, »du hast mir sehr geholfen.«

»Nichts für ungut«, antwortete die Schlange, »ich hoffe nur, das Gold wird dir und deinem Fürsten Glück bringen«, und während Lint das Gold zu seinem Pferde trug, verschwand sie zwischen den Felsen.

Lint kehrte zu den Seinen zurück, überreichte seinem Fürsten das Gold, und der gab ihm den Namen, mit dem wir ihn schon immer genannt haben: Lint, denn das heißt soviel wie ›Die königliche Schlange‹.

. . . da lag vor Lint ein Klumpen reinen Goldes . . .

Fürst Marbod aber kaufte von den Nachbarn der Sweben Vieh und Korn in Hülle und Fülle, und die lachten darüber, daß da einer für Vieh und Korn reines Gold gab. Doch das hätten sie lieber nicht tun sollen. Denn als die Sweben satt waren, griffen sie zu ihren Waffen und besiegten alle Völker, die zwischen dem Donaustrom und dem Ostmeer wohnten. Deren Krieger aber mußten im Heere Marbods Dienste tun und er gebot über 70 000 Mann zu Fuß und 4000 Reiter. Ja, die Macht König Marbods, wie die Völker ihn nun nannten, war so groß, daß selbst der Kaiser im fernen Rom Angst vor ihm bekam.

BRAUTSCHAU

Zehn Jahre waren ins Land gegangen. Dort, wo einst Marbods Hütte gestanden, erhob sich nun ein schöner Hof, und in der festen Stadt, die nicht weit entfernt auf einem Hügel lag und in der Lint seine Werkstatt aufgeschlagen hatte, gingen die Kaufleute aus aller Herren Länder ein und aus.

»Es wird Zeit, eine Frau zu nehmen«, meinte König Marbod zu Lint, »reite, Schmied, und sieh zu, daß du ein Mädchen für mich findest, das schön und klug ist; wenn du ein solches gefunden hast, will ich es mir ansehen.«

Und Lint ritt durch das Reich König Marbods und darüber hinaus, und wohin er auch kam, ward er stets gerne gesehen, denn er bot den Leuten die Kleinodien zum Kauf an, die er zuvor gefertigt hatte, auch stellte er sich oft in die Werkstatt eines Schmieds und lehrte ihn seine Kunst.

So gelangte er in das Reich des Seekönigs, der auf der fernen Insel Laaland wohnte und über das Ostmeer gebot. Und als er dort eines Tages am Amboß stand, da trat ein Mädchen in seine Werkstatt, das war über alle Maßen schön.

»Wer bist du?« fragte Lint bewundernd.

»Ich bin die Tochter des Seekönigs, und man nennt mich Bircha, die Birke, falls du das nicht wissen solltest«, erwiderte das Mädchen, »gerne würde ich dir bei deiner Arbeit zusehen, wenn du es mir erlaubst.«

»Ich freue mich, wenn du das tust«, rief Lint vergnügt, und wie Bircha da saß und seine Arbeit mit klugen Worten begleitete, vermeinte er, daß dieses Mädchen die Frau seines Königs werden sollte und machte sich auf den Weg, ihm davon zu berichten.

»Gut und schön«, sagte König Marbod, als Lint nach langer Reise wieder vor ihm stand, »doch du weißt sehr

»Wer bist du?« fragte Lint bewundernd.

wohl, daß wir seit Jahr und Tag Krieg mit dem Seekönig führen, wie soll ich unerkannt in sein Reich gelangen?«

»Nichts leichter als das«, erwiderte Lint, kleidete König Marbod in das Gewand eines Schmieds, zog mit ihm nach Norden, und sobald sie die Insel Laaland erreicht hatten, nannte er ihn seinen Gesellen.

Bircha freute sich, als sie hörte, der Schmied aus dem Böhmerland sei wieder da. Sogleich besuchte sie ihn in seiner Werkstatt, und als sie gegangen war, trat König Marbod an Lint heran und rief: »Die und keine andere soll meine Frau werden. Morgen gehe ich zu ihrem Vater, dem Seekönig, und bitte um ihre Hand.«

»Das würde ich besser nicht tun«, riet Lint seinem Könige, doch der ließ sich nicht von seinem Vorhaben abbringen.

»Ich muß handeln, wie es sich für einen Helden geziemt und will nicht länger diese Verkleidung tragen«, schalt er zornig und tat, wie er sich's vorgenommen.

Aber der Seekönig freute sich, seinen Feind in Händen zu haben, und ließ ihn kurzerhand in einen Turm werfen, der auf einem steilen Felsen stand und ringsum vom Meer umschlossen war.

Nun war guter Rat teuer, denn auch Lint ward gefangen und mußte Tag und Nacht Waffen und Schmuckstücke für den Seekönig herstellen.

»Wie nur können wir unsere Freiheit wiedergewinnen«, sann er, und er begann, aus purem Gold einen Armreif zu schmieden, der war an beiden Enden mit Schlangenköpfen geziert, die anstelle der Augen rote Steine trugen. Doch als er ihn fertiggestellt hatte, trennte er ihn in zwei Hälften und verbarg eine davon.

Viele Tage waren vergangen, als Bircha die Werkstatt betrat, um abzuholen, was sie Lint in Auftrag gegeben, und sie erblickte die Hälfte des kostbaren Reifs.

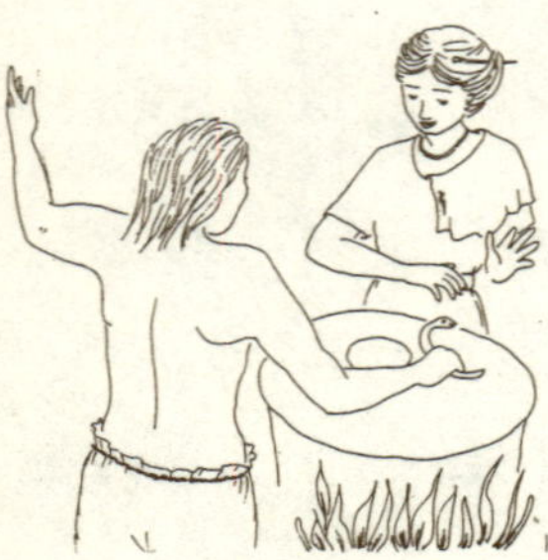

. . . und sie erblickte die Hälfte des kostbaren Reifs.

»Fertige mir die andere Hälfte dieses Kleinods«, befahl sie, doch betrübt antwortete der schlaue Lint: »Für dich, Bircha, würde ich dies gerne tun, aber ich vermag es nicht. Wisse, dieser Reif ist nicht von mir gefertigt, sondern von einem Schmied, dessen Kunst die meine weit übertrifft.«

»Ich muß diesen Reif aber haben«, schimpfte Bircha und stampfte ärgerlich mit ihrem kleinen Fuß, »wo finde ich diesen Schmied, der soviel mehr kann als du?«

»Er lebt am Hofe König Marbods, der da drüben im Turme liegt und dich zur Frau begehrt. Du brauchst ihn nur zum Manne zu nehmen, und er wird dir einen solchen

Reif und viele andere Schmuckstücke fertigen lassen«, antwortete Lint und ging seiner Arbeit nach.

Ergrimmt schied Bircha; aber schon am nächsten Tage und viele weitere Tage danach kam sie in Lints Werkstatt, um die Hälfte des Reifs zu betrachten. Und eines Abends, als Lint sich eben zur Ruhe legen wollte, stand sie mit acht Kriegern des Seekönigs an seiner Tür.

»Gib ihnen alles Gold, das du hier liegen hast«, wies sie ihn an, und er tat, wie ihm geheißen.

Da lösten die Krieger die Fesseln, die des Nachts seine Füße banden, und sie ruderten Bircha und ihn zu dem Turm, in dem König Marbod gefangen lag. Sie überwältigten die Wachen, befreiten Marbod, und noch ehe es Frühling wurde, ritten sie allesamt wohlgemut in das Böhmerland ein.

»Ich denke, es wird noch einiges zu tun geben, bevor wir Hochzeit halten«, meinte der König und zog zur Sommerzeit mit einem großen Heere nach Norden. Im Herbst jedoch wurde die Hochzeit gefeiert. Der Seekönig, den Marbod gefangen, erhielt seine Freiheit und trank seinem Schwiegersohne und Lint fröhlich zu. Bircha aber trug an ihrem Arm einen Ring aus purem Gold, dessen Enden waren mit Schlangenköpfen geziert, und die roten Steine, aus denen ihre Augen gefertigt waren, funkelten.

DIE FLUCHT

Er fand eine Menge Goldes, belud seine Tiere und wandte sich hinunter zum Donaustrom . . .

Fünf Jahre lang lebten König Marbod und Bircha glücklich zusammen, da berichteten des Königs Späher, daß die Römer vom Westen und Süden auf das Land zurückten.

»Es sind wohl an die 150 000 Mann«, erzählten sie, und Marbod rief nach seinem Schmied.

»Die Zahl ihrer Soldaten übertrifft die unserer Krieger um das Doppelte, rate mir, wie wir uns ihrer erwehren können«, bat er Lint.

»Laßt mich nur reiten«, entgegnete Lint, »und euch und uns soll geholfen werden«.

Und er sattelte sein Pferd, nahm ein zweites am Zügel und ritt hinauf zu den Bergen, in denen er der Schlange begegnet war. Er fand eine Menge Goldes, belud seine Tiere und wandte sich hinunter zum Donaustrom und weiter in das Land an der Save. Und wie er so dahinritt, zogen die Soldaten, die die Römer aus ihren Provinzen ausgehoben und zum Kriegsdienst gezwungen hatten, an ihm vorbei nach Norden, um dem Reich König Marbods den Garaus zu machen.

»Ich werde mich beeilen müssen, wenn ich meinen König und seine schöne Königin retten will«, dachte Lint bei sich, ritt des Abends in das Lager der Soldaten, gab sich als Kaufmann aus und bewirtete sie mit Wein. Und die Soldaten fluchten dem Statthalter des römischen Kaisers, der sie von ihren Hütten hatte wegholen lassen, und meinten, die Römer hätten Wölfe anstelle der Hunde über ihre Herden gesetzt.

»Wenn dem so ist«, überlegte Lint, »mag es wohl angehen.« Und er schlich sich heimlich in das Zelt des Bato, der der Anführer der Soldaten war.

»Du bist kein Römer, Bato, warum führst du mit den Römern Krieg gegen meinen König, der dir nichts angetan hat«, fragte er den Fürsten.

»Du siehst, Kaufmann, daß die Römer uns dazu zwingen«, entgegnete der Fürst, »hätte ich genug Gold, ich wollte meine Leute wohl dazu bewegen, ihre Waffen gegen die Römer zu kehren.«

»Nun, wenn es daran liegt«, frohlockte Lint, geleitete Bato zu seinen Pferden und gab ihm alles Gold, das er mit sich führte. Im Morgengrauen aber erhoben sich Bato und seine Männer gegen die Römer; ihr Feldherr mußte mit all seinen Truppen umkehren, und König Marbods Reich war gerettet.

König Marbod empfing Lint voller Freude. »Du hast uns den Frieden bewahrt, Schmied«, rief er ein über das andere Mal, »nun sollst du fürstlich belohnt werden.«

»Du wirst dir den Frieden und dein Reich nicht erhalten . . .«

»Du wirst dir den Frieden und dein Reich nicht erhalten, wenn du nicht sogleich zu den Waffen greifst und Bato hilfst, der sich deines Goldes wegen gegen die Römer erhoben hat«, erwiderte Lint. »Lasse deine Krieger hinab zum Donaustrome ziehen und über die großen Berge in das Land der Römer einfallen.«

Aber die schöne Königin Bircha lachte Lint aus: »Wir haben Frieden mit den Römern geschlossen und wollen lustig und vergnügt in unserem Reiche leben«, und König Marbod stimmte in ihr Lachen ein.

Da ward Lint traurig, denn er erkannte, daß es mit König Marbod und seinem Reiche ein böses Ende nehmen würde. Doch er schwieg und vertraute sich nur der Frau an, die er vor Jahren geheiratet hatte. Aber als elf Jahre danach Marbod nicht gegen die Römer, sondern gegen deren Feind, den Fürsten der Cherusker, Armin, zu Felde zog, rief er seine drei Söhne zu sich, und im Schutze der Dunkelheit flohen sie zu den Bergen. Denn Lint haßte die Römer, derentwegen sein Volk die alte Heimat am Main hatte verlassen müssen, und bewunderte Armin, der sich ihrer erwehrte.

»Schafft mir den Schmied herbei«, schrie zornig König Marbod, als die Flucht entdeckt wurde, und Lint, der des Königs Hartnäckigkeit kannte, wußte nicht, wo er sich und die Seinen bergen sollte, und war in großer Sorge.

Da erinnerte er sich der Schlange, der er einst geholfen, und ritt zu dem Platze, an dem er mit dem merkwürdigen Tier gesprochen hatte. Und siehe, da lag es just an der Stelle, an der er es vormals angetroffen.

»Du siehst betrübt aus«, begrüßte die Schlange ihn sogleich, und Lint erzählte, was ihn bedrückte.

»Was, meinst du, werden die Krieger des Königs tun, wenn du sie zu deinem Golde führst«, schmunzelte die Schlange, und Lint schämte sich, daß er nicht von selbst auf den gescheiten Gedanken gekommen war. Flink bestieg er sein Pferd und trabte auf die Krieger zu, die ausgeschickt waren, ihn zu fangen. Doch als sie ihn ergreifen wollten, gab er seinem Tiere die Peitsche, und sie jagten ihm nach bis hin zu der Schlucht, in der Lint das Gold gefunden.

Unter und zwischen den Steinen glitzerte und funkelte es, und die Krieger ließen von ihrer Verfolgung ab und rafften Gold, soviel sie aufheben konnten. Dann aber sahen sie sich betroffen an.

»Was wird König Marbod sagen, wenn wir ohne den Schmied zurückkehren«, meinte ihr Anführer, »ich halte es für das Beste, wir fliehen mit dem Golde außer Landes.« Und die anderen nickten beifällig mit den Köpfen, saßen auf und ritten davon. Die Schlange und Lint aber tanzten voll Freude, und dies war, wie man wohl glauben mag, gar lustig anzusehen.

Die Schlange und Lint aber tanzten voll Freude.

Lint hatte recht behalten, als er einst den König vor den Römern warnte, denn diese stießen Marbod von seinem Thron und nahmen ihn gefangen. Drei Jahre, nachdem er in die Berge geflohen, kehrte Lint mit den Seinen heim, und seine Söhne wurden berühmte Krieger der Sweben. Aber als Lint alt geworden und als seine Frau gestorben war, bestieg er sein Pferd und ritt zurück zu den Bergen.

»Ich will dort bleiben«, sprach er zu sich selbst, »und dort soll meine letzte Ruhestatt sein.«

Es war Sommer, als Lint in das Gebirge einritt. Vor dem Eingang der Schlucht lag auf einem Stein die prächtige Schlange. »Wie schön, daß du wieder da bist«, sagte sie, »ich habe lange auf dich gewartet.«

»Das ist sehr nett von dir«, erwiderte Lint und saß ab von seinem Pferde. »Lauf, Roter«, rief er, »ich brauche dich nicht mehr, denn hier will ich meinem Ende entgegensehen«, und müde ließ er sich nieder.

»So solltest du nicht sprechen, Lint«, sagte die Schlange und sah ihn an, »komm mit«. Hurtig ringelte sie sich die Schlucht empor, und Lint folgte ihr, bis sie zum Eingang einer Höhle gelangten.

. . . als sich ein gewaltiger Bär vor ihm erhob.

»Hier laß uns Rast halten«, meinte die Schlange, und während sie ruhten, fuhr sie fort. »Lint, siehst du den Eingang der Höhle dort? Von ihm führt ein Weg hinab in den Berg. Wenn es dir gelingt, diesen Weg zu Ende zu gehen, so wird dir das Glück bringen. Doch wisse, auf deinem Weg wirst du zweimal in große Gefahr geraten. Sie kann dich das Leben kosten. Siehst du die Bienen dort zum Baume fliegen und das Nest im Busche hinter dir? Geh dorthin, tue von den Honigwaben der Bienen in deinen Beutel und sammle die Eier aus dem Nest. Laß von den Eiern und den Waben auf dem Wege liegen, den du hinabsteigst, es wird dir von Nutzen sein, und nun viel Glück!« Die Schlange schlüpfte davon, und Lint war allein. Nachdenklich betrachtete er den Eingang der Höhle.

»Warum soll ich es nicht versuchen«, sann er, »an meinem Leben ist mir nicht gelegen, und sollte ich dort mein Glück finden, so mag es mir recht sein.« Er sammelte Waben und Eier, brach sich zwei starke Äste, setzte einen davon in Brand und begann, den Weg hinabzusteigen, der von der Höhle in das Innere des Berges führte.

Er war noch nicht lange gegangen, als sich ein gewaltiger Bär vor ihm erhob. »Du kommst mir eben recht«, brummte er gefährlich und stellte sich auf seine Hinterbeine, »ich denke, du wirst nichts dagegen haben, wenn ich dich verspeise.«

»Es wäre gewiß unhöflich, dir zu widersprechen«, entgegnete Lint artig, »doch ehe du dies tust, solltest du von meinen Honigwaben kosten«, und flugs hielt er dem Bären eine davon unter die Nase.

»Wo hast du die her«, rief der Bär entzückt und leckte sich das Maul.

»Du brauchst nur ein Stück nach oben zu gehen«, erwiderte Lint, »dort wirst du weitere Waben finden, und bist du erst am Eingang der Höhle, so siehst du schon den Baum, in den die Bienen fliegen.«

»Vortrefflich«, brummte der Bär und machte sich davon, »warte hier, bis ich zurückkomme, damit ich dich verspeisen kann.«

Aber Lint wartete nicht, sondern schritt seinen Weg weiter hinab in den Berg. »Das ist noch einmal gutgegangen«, dachte er im Hinabsteigen, und rasch setzte er den zweiten seiner Äste in Brand, denn der erste begann zu erlöschen. In dem hell aufflammenden Lichte sah er die Augen einer riesigen Echse geradewegs auf sich gerichtet, und behend sprang er beiseite, als sie sich auf ihn stürzen wollte.

»Was weichst du mir aus, Wicht«, brüllte der Tatzelwurm und hieb mit seinen scharfen Krallen nach Lint.

»Nichts für ungut, Meister«, schmeichelte ihm der, »ihr wollt mich gewiß verspeisen, aber glaubt mir, da gibt es Besseres«, und er reichte dem Ungeheuer eines der Eier, die er mitgenommen hatte.

Der Tatzelwurm verschlang das Ei und kniff vor Vergnügen die Augen zu. »Ich will mehr davon«, schrie er und rückte an Lint heran.

»So geht denn den Weg zum Eingang der Höhle«, riet ihm Lint, »unterwegs werdet ihr mehr Eier finden. Gegenüber dem Eingang der Höhle aber versteckt sich in einem Busche ein Nest, das ist voll davon«; und hast du nicht gesehen, kroch das abscheuliche Tier den Weg hinauf, den Lint gekommen.

Erschöpft ließ der Schmied sich nieder, und das Licht seiner Fackel erlosch. »Oh Schlange, du mein Freund«, klagte er, »du hast mir wohlgeraten, denn nun sitze ich hier und weiß nicht ein noch aus.«

. . . und er reichte dem Ungeheuer eines der Eier . . .

Da hörte er ein fernes Brausen und Zischen, und als er ihm tastend folgte, öffnete sich der Pfad zu einem Saal, der war so hoch und weit, daß Lint sein Ende nicht absehen konnte. Seine Wände leuchteten in allen Farben der Erze, in seiner Mitte aber stand eine ungeheure Esse, und hundert und aberhundert Zwerge traten gewaltige Blasebälge, aus denen es zischte und brauste.

... erblickte er auf einem Thron aus Bergkristall die Schlange.

»Bist du gekommen, Lint?« hörte er eine Stimme von weit her, und als er sich umsah, erblickte er auf einem Thron aus Bergkristall die Schlange. Und Lint verneigte sich tief, denn er wußte, daß er in das Reich des Bergkönigs eingetreten war.

Lint blieb im Reiche des Bergkönigs. Doch an schönen Sommertagen, wenn es nach Quendel duftet und die Steine ganz warm geworden sind, da kann man darauf eine prächtige Schlange sehen und einen Mann neben ihr – und der Reif, den die Schlange um ihren Hals trägt, der ist aus purem Gold. Die roten Augen der Köpfe aber, die seine Enden zieren, funkeln geheimnisvoll.

fiscari

»Töte mich nicht,
Fischer, du wirst meiner
Hilfe noch bedürfen
so wie ich der deinen«

Mehr als hundert Jahre waren verstrichen, seit Lint in den Berg gegangen und im Reiche, über das einst König Marbod gebot, herrschten nun andere. Doch noch immer nannte sich das Volk des Swebenbundes, das einst vom Main nach Böhmen gezogen war, die »Grenzmänner«, denn nur der große Donaustrom trennte seine Dörfer und Höfe von den Städten und Festungen der Römer. Was Wunder also, daß die jungen Krieger in das römische Reich einfielen, um dort in gefährlichen Kämpfen Ruhm zu erwerben und Beute zu gewinnen.

Unter ihnen befand sich auch einer der zahlreichen Nachkommen Lints. Aber diesem erging es gar übel, denn seine Schar stieß auf römische Soldaten, die sich tapfer zur Wehr setzten, und mit einer schweren Wunde am Bein kehrte er in die Heimat zurück. Zwar bewahrten ihn die Kräuter und Zaubersprüche der weisen Frauen vor dem Tode, doch hinkte er fortan und konnte sich nur mit Mühe auf einem Pferde halten. Deshalb zog er hinab zum Flusse, verlegte sich auf den Fang und Verkauf von Fischen, und nach kurzer Zeit schon nannten alle den helläugigen, blonden Jüngling Fiscari, was in unserer Sprache ›Der Fischer‹ heißt.

Fiscari war 16 Jahre alt, als der Kaiser der Römer, der Einfälle der Sweben in sein Reich überdrüssig, diese mit Krieg überzog und den Besiegten verbot, sich weiterhin am Strome niederzulassen. Das war schlimm für unseren Fischer, denn wovon sollte er nun leben? So schlich er sich denn heimlich zum Flusse, legte seine Reusen und Netze im Verborgenen und sann, wenn er versteckt im Schilf des Ufers lag, über vielerlei nach.

»Was mag er mir wohl noch alles bringen, dieser Strom«, sprach er so eines Tages laut zu sich selbst und dachte voll Furcht an sein zukünftiges Geschick. Da hörte er eine tiefe Stimme seinen Namen rufen. Erschrocken blickte Fiscari um sich, denn er wähnte sich allein. Aber er entdeckte nichts als den mächtigen Kopf eines Wellers, der eben nach Luft zu schnappen schien. Schnell griff er zu seiner Harpune, um den Fisch zu erlegen, als dieser rief:

»Töte mich nicht, Fischer, du wirst meiner Hilfe noch bedürfen so wie ich der deinen«, und mit einem Schlag seines gewaltigen Schwanzes verschwand das riesige Tier in den Fluten. Staunend sah Fiscari ihm nach.

»Was mag das bedeuten«, grübelte er lange, bis der Duft des Schilfes ihn einschlafen ließ. Als er erwachte, standen drei römische Matrosen vor ihm und lachten aus vollem Halse.

»Das ist ein kräftiger Bursche«, frohlockten sie, »du hast die Wahl, Junge, entweder du kommst mit uns als Ruderknecht, oder wir schlagen dich auf der Stelle tot, denn wie du weißt, hast du hier am Flusse nichts zu suchen.«

»Nun«, meinte Fiscari, »da scheint es mir doch wohl besser, mit euch zu gehen«, und er folgte den Römern an Bord ihres Schiffes. Schlecht hatte er es damit nicht getroffen, es gab genug zu essen und zu trinken, auch verstand er sich bald gut mit dem Steuermann, der wie er ein Swebe war.

Als er erwachte, standen drei römische Matrosen vor ihm und lachten aus vollem Halse.

Jahrein, jahraus ruderte Fiscari nun im Sommer den Strom hinauf und hinab, zog im Winter mit den anderen Ruderknechten das Boot an Land und besserte es aus. Er war dabei nicht eben unglücklich, doch bis in seine Träume hinein hörte er den dumpfen Klang des Hammers, mit dem der Schiffsmeister den Takt für die Ruderer schlug, und er sehnte sich nach der Stille des Schilfs und seiner verlorenen Freiheit. Der Krieg aber, den der Kaiser mit den Sweben führte und der so vielen Menschen das Leben kostete, kümmerte ihn nicht.

DER RÖMER

Fünf Jahre waren so vergangen, als der Kapitän, auf dessen Schiff Fiscari diente, den Befehl erhielt, einen hochgestellten Römer den Fluß hinabzubringen. Doch bevor sie ihr Ziel erreichten, lief das Boot auf eine Baumsperre, die ein Haufe schlauer Sweben errichtet hatte.

Ein Hagel von Pfeilen ging auf das Schiff nieder, und bald lebten von den Matrosen und Ruderknechten nur noch wenige. »Wenn wir hier nicht umkommen wollen, müssen wir ins Wasser«, schrie Fiscari dem vornehmen Römer zu, der sich geschickt mit seinem Schild deckte, und dieser, der ein beherzter Mann zu sein schien, sprang mit ihm zugleich über Bord.

Aber so sehr sie sich auch mühten, die Strömung trieb sie unter der Sperre hindurch geradewegs auf das Ufer zu, von dem aus man sie beschossen hatte. Doch als Fiscari sich bereits verloren glaubte, spürte er neben sich einen riesigen glatten Leib und die tiefe Stimme des Wellers befahl: »Halte dich an meiner Rückenflosse fest und nimm den Römer mit.«

Fiscari tat, wie ihm geheißen, und bald lagen die beiden unter den schützenden Zweigen einer Weide am anderen Ufer. »Du hast mir das Leben gerettet, Swebe«, rief der Römer, »du sollst fortan einer meiner Knechte sein und es gut bei mir haben. Nun aber wollen wir zusehen, wie wir von hier wegkommen.«

Das war weiter nicht schwierig, denn kaum hatten sie sich auf den Weg gemacht, als ihnen ein Trupp römischer Reiter begegnete, die Fiscaris Begleiter ehrfurchtsvoll begrüßten und sie sicher an ihr Ziel geleiteten.

Fiscari folgte seinem neuen Herrn bis in die große Stadt Rom und in den prächtigen Palast, den dieser dort besaß. Auf Wunsch des reichen Mannes wurde er der Gehilfe des Oberaufsehers der Fischteiche, und gern versah er seinen Dienst, der um so viel leichter war als die harte Arbeit auf der Ruderbank.

Der Oberaufseher war ein wortkarger Mann, und lange Zeit begegnete er seinem neuen Gehilfen mit Mißtrauen. Eines Tages jedoch, als Fiscari am Rande eines der Teiche saß und, wie er oftmals tat, das Bild seines Freundes, des Wellers, in den Sand zeichnete, um seines Lebensretters voll Dankbarkeit zu gedenken, hörte er die Stimme des Oberaufsehers hinter sich: »So sind wir denn eines Glaubens! Sei vorsichtig und sprich mit niemandem darüber, es könnte dich das Leben kosten.«

»Halte dich an meiner Rückenflosse fest und nimm den Römer mit.«

Fiscari wandte sich um und sah den Oberaufseher erstaunt an, wußte er doch nicht, daß der Fisch das geheime Zeichen der Leute war, die an Christus als den Sohn Gottes glaubten. Aber er verlor kein Wort darüber und nahm es hin, daß der Oberaufseher ihn von nun an wie seinesgleichen behandelte.

Ein weiteres halbes Jahrzehnt verging, und Fiscari konnte sich kaum noch daran erinnern, daß er einst ein armer Fischer und Ruderknecht gewesen war, als der Oberaufseher ergriffen und seines Glaubens wegen zum Tode geführt wurde. Fiscari verstand nicht, warum dies geschah. Die Männer, die den Oberaufseher abholten, hatten ihn zuvor höflich gebeten, dem Kaiser der Römer ein Opfer zu bringen und so sein Leben zu retten, doch dieser hatte sich geweigert.

Fiscari selbst opferte gerne, auch wenn es ihm manches Mal leid tat, auf ein schönes Stück Fleisch, einen guten Fisch oder einen Krug Wein zu verzichten. Er hatte den Göttern seiner Vorfahren geopfert, die ihren Sitz in den Balken des Hauses nahmen. Nun opferte er dem Kaiser, der offensichtlich ebenfalls ein mächtiger Gott war. Er opferte den zahllosen Geistern über, auf und unter der Erde, von deren Dasein seine Eltern vormals berichtet und von deren Wirken er sich immer wieder überzeugt hatte. Er wußte, daß Lint der Schlange begegnet und in den Berg gegangen war, und daß der Elf aus der Kiefer Forha geholfen hatte. Ihnen allen mußte man dankbar sein und sie sich auch weiterhin geneigt machen, denn der Lenker der Welten, der über Götter, Geister und Menschen gleichermaßen gebot, konnte sich nicht um jede Kleinigkeit selbst kümmern. Offenbar war der Oberaufseher von einem bösen Geist besessen, mochten sie ihn also töten, bevor er weiteres Unheil anrichten konnte, und zufrieden übernahm Fiscari dessen Arbeit.

So sind wir denn eines Glaubens!

IN DIE FREIHEIT

Drei Jahre danach starb der Kaiser, der den Sweben so sehr zugesetzt hatte, fern an der Donau. »Ich denke, es wird das beste sein, wenn wir Rom verlassen«, meinte Fiscaris Herr. Und er hatte recht damit, denn in Rom wütete nicht nur die schreckliche Pest, sondern der nicht minder schreckliche Sohn des Kaisers, und das Leben der Vornehmen und Reichen begann, gefährlich zu werden.

So wurde eingepackt, was sich einpacken ließ, und bald rumpelten an die fünfzig Wagen nach Norden, überquerten die Alpen und machten erst vor dem schönen Landsitz halt, der nicht weit von der Stelle lag, an der die Iller sich in die Donau ergießt.

»Nun, mein Freund«, rief Fiscaris Herr fröhlich, »da sind wir wieder am Donaustrom, in dem wir beide beinahe ums Leben gekommen wären, ich denke, du wirst dich um neue Fischteiche kümmern müssen.« Und Fiscari, der sich über die Nähe des Stromes freute, an dem er aufgewachsen war, machte sich sogleich ans Werk. Aber die Pest war ihnen über die Alpen gefolgt. Sie raffte die Menschen dahin und unter ihnen auch Fiscaris Herrn. »Mir scheint«, überlegte Fiscari, »ich war lange genug Knecht und werde gut daran tun, zu meinem Volke zurückzukehren.« Er überquerte die Donau, stieg die Berge jenseits des Flusses empor und wanderte immerzu nach Norden. Bald aber bemerkte er, daß er nicht allein war, denn mit ihm zogen viele, die der Knechtschaft zu entfliehen trachteten. Doch sie alle hatten die Rechung ohne die wachsamen Römer gemacht, und Fiscari, der seines Hinkens wegen weit hinter den anderen zurückgeblieben war, sah, wie die römischen Reiter die Entflohenen zusammentrieben und wieder zur Donau hinabführten. So verbarg er sich denn in einer der Höhlen, deren es zahlreiche in dem Gebirge gibt, das wir heute die Alb nennen.

Einige Tage vergingen, und der Mundvorrat, den er sich mitgenommen, war beinahe aufgezehrt. Wiederum brach die Nacht herein, und hungrig legte Fiscari sich zur Ruhe. Als er erwachte, hörte er von weither ein seltsames Schurren und Klappern, und vorsichtig kroch er an den Rand der Höhle. Was er sah, waren viele hundert Schafe, die, von einigen Reitern getrieben, das Tal entlang zogen, über dem die Höhle lag.

»Das sind keine Römer«, dachte Fiscari bei sich, »bevor ich hier des Hungers sterbe, will ich mich ihnen anvertrauen«, und langsam humpelte er auf den nächsten der fremden Reiter zu und flehte ihn an, ihm zu helfen.

»Du hast Glück, Freund«, lachte der. »Wie du, gehören wir zum großen Bunde der Sweben. Wir allerdings leben in Frieden mit den Römern und verkaufen unsere Schafe an ihre Soldaten. Wie ich an deiner Kleidung sehe«, fuhr er fort, »bist du einem recht vornehmen Manne davongelaufen. Bleibe bei uns und hilf uns die Schafe hüten, wir werden dich nicht verraten. Solltest du aber keine Lust dazu verspüren, so wirst du Verständnis dafür haben, wenn wir dich an die Römer verkaufen, denn wir werden für dich eine Menge Geld bekommen.«

»Das letztere wäre mir sehr unangenehm«, erwiderte Fiscari, »und so will ich denn eure Schafe hüten, auch wenn sie übel riechen. Doch du siehst, ich bin nicht eben gut zu Fuß, und mit dem Reiten ist es auch nicht weit her.«

»Das schadet nichts«, grinste der andere, »setze dich dort hinten auf den Karren, schlafe, während wir weiterziehen, und halte des Nachts Wache.«

So verbarg er sich denn in einer der Höhlen . . .

Viele Wochen zogen sie so von einer der römischen

Festungen zur anderen, und der Schafe wurden es immer weniger. Aber je kleiner die Herde wurde, desto unruhiger wurde Fiscari.

»Was werden diese Burschen mit mir anstellen, wenn sie mich nicht mehr zum Schafehüten gebrauchen können«, überlegte er, »sie werden mich gewiß an die Römer verkaufen.«

Und eines Nachts knebelte und fesselte er den Mann, der mit ihm Wache hielt, vertauschte dessen Kleider mit den seinen und zog mit Pferd und Karren davon. Er fuhr nicht nach Norden, wie die Schäfer glaubten, die sich an seine Verfolgung gemacht hatten. So schnell er konnte, trieb er sein Pferd nach Süden. Um niemandem zu begegnen, der ihn von früher her kannte, zog er, als er die Donau erreichte, weiter und weiter den Strom hinauf bis dahin, wo die Kanzach, die aus dem herrlichen Federsee fließt, in diese einmündet. Dort baute er sich eine Hütte, verlegte sich wieder auf den Fischfang und verkaufte die Fische mit Hilfe seines Karrens ringsumher.

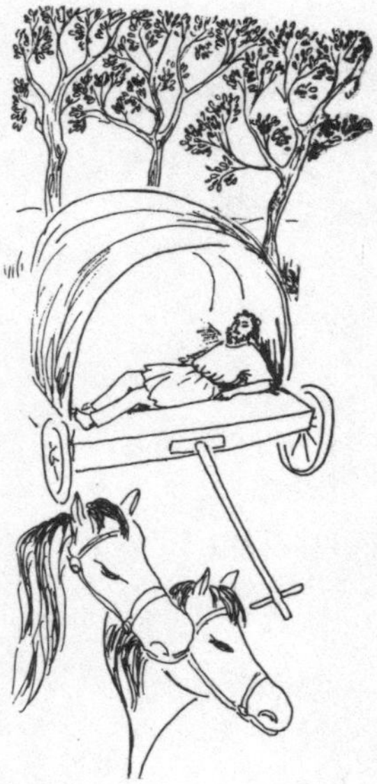

... »setze dich dort hinten auf den Karren ...«

WELLER ERZÄHLT

Es wurde Abend, und Fiscari blickte hinaus auf den Strom, der in den Strahlen der untergehenden Sonne funkelte und glänzte.

»Erinnerst du dich meiner noch«, weckte ihn eine tiefe Stimme aus seinen Träumen, und freudig sprang er auf.

»Wie glücklich bin ich, dich wieder zu sehen«, rief er dem Weller zu, der sein mächtiges Haupt aus den Fluten hob, »wie könnte ich dich, meinen Lebensretter, jemals vergessen.«

»Das ist gut«, antwortete der Weller, »denn nun, Fiscari, brauche ich deine Hilfe. Eine gute Tagesreise den Fluß hinauf, der hier in den Strom fließt, liegt ein großer See, dorthin muß ich, doch ist das Wasser in dem kleinen Flusse nicht tief genug für mich. Ich sehe dort bei deiner Hütte einen Karren stehen und nicht weit davon ein Pferd grasen, willst du mich auf deinem Karren zu dem See bringen?«

»Ich werde alles tun, was immer du begehrst«, sagte Fiscari, machte sich sogleich an die Arbeit, zimmerte einen großen Trog, lud diesen auf seinen Karren und fuhr ihn so geschickt ins Wasser, daß der Weller in den Trog hineinschwimmen konnte. Noch in der Nacht begannen sie, den kleinen Fluß hinaufzuziehen, und als der Morgen graute, hatten sie das größte Stück ihres Weges hinter sich gelassen. Fiscari, der niemandem begegnen wollte, dem der Sinn nach dem schönen Fisch hätte stehen können, fuhr den Wagen in ein Gebüsch, und während sie dort ruhten, meinte er: »Ich will gewiß nicht neugierig sein, mein Lebensretter, doch was hast du in dem See zu suchen, dem ich dich entgegenfahre?«

»Das ist eine schwierige Geschichte«, entgegnete der Weller gutmütig, »ich bin nicht sicher, ob du sie ganz verstehen wirst«, und bedächtig hub er an zu erzählen: »Du weißt, Fiscari, daß es zwischen dem, der alles lenkt und euch Menschen eine Menge Götter sowie böser und guter Geister gibt, und du wirst bemerkt haben, daß ich mich selbst zu den letzteren zählen darf.«

Fiscari nickte, denn seit langem wußte er, daß er es nicht mit einem gewöhnlichen Fisch zu tun hatte, und der Weller fuhr fort:

»Unser Leben, das Leben der bösen und guten Geister, ist um vieles länger als das eure. Tausend Jahre sind deshalb für uns nicht mehr als für euch ein Tag. Vor tausend deiner Jahre nun wies ich meiner Herrin, der grünäugigen, rotlockigen Göttin der Tiere samt fünftausend ihrer Reiter, den Weg zu dem See, in dem sie zu baden wünschte. Dann schwamm ich in ihre und meine Heimat zurück, die dort liegt, wo der große Strom, den ihr die Donau nennt, sich ins Meer ergießt. Nun aber, wie ich meine Herrin zurückgeleiten wollte, war das Wasser des kleinen Flusses für mich zu flach geworden. Deshalb bewahrte ich dich vor dem Tode und bat dich, mich hierher zu bringen.«

Noch in der Nacht begannen sie, den kleinen Fluß hinaufzuziehen ...

Fiscari schwieg, doch glaubte er dem Weller. Geduldig warteten die beiden bis es begann, dunkel zu werden, dann spannte Fiscari an, und um Mitternacht erreichten sie den See. Seine weite Wasserfläche schimmerte im Mondlicht, und im Schilf seiner Ufer regte sich ein sanfter Wind.

»Es wird Zeit, mich meiner Herrin zu nähern«, erklang dunkel die Stimme des Wellers. Langsam glitt er aus dem Trog des Karrens, den Fiscari ins Wasser gefahren hatte, und während er davonschwamm, ließ der Fischer sich ermüdet nieder und schlief ein.

Im Traume sah er ein gutes Stück vom Seeufer entfernt ein Feuer aufflackern, dann ein zweites, ein drittes und viele andere mehr. Er hörte lautes Rufen und angstvolles Schreien, sah im Schein der Flammen einstürzende Hütten und meinte den Klang vieler Hufe zu vernehmen. Rings um ihn begann das Schilf zu brennen, er wollte zurück zu seinem Pferde und seinem Wagen, doch rasch kamen die Flammen näher; verzweifelt sprang er in das Wasser und tauchte unter.

Als er entsetzt erwachte, blickte er in die grünen Augen eines rotlockigen Mädchens. »Du scheinst recht müde gewesen zu sein, daß du hier in der prallen Sonne schlafen konntest«, lachte es.

»Es hat gebrannt«, stammelte Fiscari, »das Schilf hat gebrannt, und ein ganzes Dorf voller Menschen ist umgekommen.«

»Du hast geträumt«, lächelte das Mädchen und sah ihn seltsam an. »Oder bist du gar der Göttin der Tiere begegnet?«

»Ja, das bin ich wohl«, erwiderte Fiscari eifrig.

»Nun gut«, meinte das Mädchen, »es ist am besten, man redet nicht von ihr. Gehören Pferd und Wagen da drüben dir? Dem Fischtrog und dem Handwerkszeug nach zu schließen bis du ein Fischer.«

»Ja«, sagte Fiscari, und während eine riesige Rückenflosse in der Mitte des Sees untertauchte, stand er langsam auf und wandte sich dem Mädchen zu. Es war schön, und er begleitete es zu seinen Eltern. Deren Hütte stand nicht weit vom Ufer entfernt, und wie ihre Vorfahren schon vor mehr als tausend Jahren, so lebten auch sie vom Fischfang. Fiscari heiratete das Mädchen, und er war 33 Jahre alt, als ihm eine Tochter geboren wurde, die die Mutter eines gewaltigen Kriegers werden sollte.

Rings um ihn begann das Schilf zu brennen.

»Du hast geträumt«

Hunwulf

»Ich komme, dich in die Halle der toten Helden zu begleiten«

HWIZI

Man schrieb das Jahr 200 nach der Geburt des Herrn, als Fiscaris Enkelsohn das Licht der Welt erblickte. Er hatte grüne Augen und rotblondes Haar, und von seinem fünften Lebensjahre an riefen sie ihn in der Sprache der Römer Armiger, was soviel heißt wie ›Der Waffenträger‹, sah doch niemand ihn jemals ohne sein kleines, hölzernes Schwert an der Seite.

Der Vater Armigers war Fuhrmann und hatte viel zu tun, denn in diesen Jahren bauten die Römer eine Menge Straßen. Armiger selbst aber mußte weder lesen noch schreiben lernen und hatte Zeit, um den Erzählungen seines Großvaters von den Heldentaten der Sweben zu lauschen oder seinen Vater auf dessen Fahrten zu begleiten.

Auf einer dieser Fahrten geschah es nun, daß sie einer Gruppe von Straßenarbeitern begegneten, die sich um ein Wolfsjunges stritten, denn für einen toten Wolf zahlte der Statthalter ein schönes Stück Geld. Das Fell des Kleinen war silberweiß, und es winselte erbärmlich, als die Männer es hin- und herzerrten. Armigers Vater wollte weiterfahren. Armiger aber sprang vom Wagen und ging mit seinem Holzschwert auf die Männer los. Die lachten, als der winzige Kerl auf sie zustürzte, doch wurden sie ärgerlich, als ihm sein Vater zu Hilfe eilte.

Armiger aber sprang vom Wagen und ging mit seinem Holzschwert auf die Männer los.

»Wenn du den Wolf willst, bezahle, oder wir töten ihn und liefern seinen Kopf dem Statthalter ab«, schrieen sie erbost. Und Armigers Vater, der einem Streit aus dem Wege gehen wollte, gab ihnen soviel sie begehrten. Da es aber nicht eben wenig war, was er hatte bezahlen müssen, war er zornig auf seinen Sohn und schalt ihn. Armiger jedoch war dies gleichgültig, vergnügt saß er neben seinem schimpfenden Vater, hielt das unnütze Tier schützend in seinen Armen und zeigte es, als sie heimgekehrt waren, voll Stolz seinem Großvater. Der lachte herzlich, besah sich das Kleine von allen Seiten und meinte: »Du solltest es Hwizi nennen, denn es ist ein Weibchen.«

Hwizi aber bedeutet ›Die Weiße‹, und dabei blieb es denn auch, und Armiger und Hwizi wurden Freunde.

Armiger war zehn Jahre alt und trug anstelle des Holzschwertes ein Messer im Gürtel, als er mit seinem Vater die Hauptstadt des Landes besuchte, die dort lag, wo heute die Stadt Augsburg steht. Es war Abend, als sie in die Stadt einfuhren, und Armiger, der sehr stolz auf seine weiße Wölfin war, saß mit Hwizi vorne auf dem Kutschbrett und blickte neugierig auf die vielen Menschen herab, die sich in den Straßen drängten. Da trat ein reicher Römer an den Wagen heran.

»Ist er dir für zwei Goldstücke feil?«

»Was kostet der schöne weiße Wolf dort neben deinem Jungen«, rief er zu Armigers Vater hinauf, »ist er dir für zwei Goldstücke feil?«

»Gewiß, Herr«, antwortete Armigers Vater schnell, froh den unnützen Esser loszuwerden, »gebt mir das Gold und ich reiche euch das Tier herunter.«

Armiger aber, der begriff, daß er sich von seiner Freundin trennen sollte, war flinker. Behend schlüpfte er mit der Wölfin vom Wagen herab, und hast du nicht gesehen, waren beide in der Menge verschwunden. Der Römer, der sein Geld bereits gegeben, schrie laut um Hilfe, Armigers Vater schrie nicht minder laut, und zu zweit machten sie sich an die Verfolgung.

Die Verfolgten aber lagen längst gut versteckt im Ufergebüsch des Lechflusses. In den folgenden Nächten erreichten sie die Donau, und Armiger fand einen Nachen, mit dem sie sicher an das andere Ufer gelangten. Von nun an rasteten sie des Tags in Scheunen oder verlassenen Hütten, stahlen hier ein Brot und dort ein Huhn und lebten so nicht schlecht, bis sie da, wo sich der Ipf erhebt, das Reich der Römer verließen und das Land der Juthungen betraten, die den Römern feindlich gesonnen waren.

Die Nacht war lau, und die Wolken jagten den Mond. Die Rufe der Waldohreulen lockten, und der Wind jauchzte in den Zweigen. Dicht aneinandergeschmiegt lagen Armiger und Hwizi unter den Wurzeln eines gefallenen Baumes, lauschten angespannt den vielen, unheimlichen Lauten und sahen mit großen Augen in das Dunkel.

... Armiger fand einen Nachen ...

Es war um Mitternacht, als sie das Brechen von Zweigen hörten, und aus dem feinen Dunst, der sich zwischen den Bäumen des Waldes verfangen hatte, liefen zwei Wölfe, so groß wie Armiger sie noch niemals gesehen, geradewegs auf ihr Versteck zu. Armiger griff zu seinem Messer, und Hwizi fletschte die Zähne, doch eines der Tiere lachte leise.

»Wir wollen euch nichts Böses, Armiger«, sprach es, »weder dir noch der hübschen, weißen Wölfin. Hört aber gut zu, was ich euch nun verkünde: Morgen werden euch die Juthungen gefangennehmen. Dann laufe du, Hwizi, davon und verberge dich. Du aber, Armiger, setze dich nicht zur Wehr; erzähle, daß du uns begegnet bist, nenne uns die ›Gierigen‹ und lasse zu, daß sie dich Hunwulf rufen. Du kannst ohne Sorge sein, es wird dir kein Leid geschehen.«

Für einen Augenblick vermeinte Armiger die Gestalt eines großen, schlanken Mannes hinter den beiden Wölfen zu sehen, doch die ungeheuren Tiere wandten sich rasch und verschwanden wie sie gekommen.

»Hast du gehört, was er sagte«, fragte Armiger, und Hwizi rieb ihre Schnauze zitternd an seiner Wange. Armiger fühlte, daß sie die Gierigen ebenso verstanden hatte wie er, und sein Herz schlug schneller, als ihm der Geruch von Brand und Tod bewußt wurde, den die reine Luft des Waldes nur allmählich verdrängte.

. . . Hwizi fletschte die Zähne . . .

DIE SEHERIN

Was der Wolf ihnen verkündet hatte, geschah. Als Armiger und Hwizi sich anschickten, den Wald zu verlassen, stießen sie auf die Juthungen. Nicht weniger als 30 Reiter jagten auf sie zu. Hwizi floh in den Wald zurück, Armiger aber blieb stehen. Der Anführer der Reiter sprengte an ihn heran.

»Schaut das Bürschchen an«, brüllte er, »du wolltest wohl für die Römer spionieren? Siehst du den Baum dort drüben, an dem wirst du sogleich hängen!«

Armiger sah hinüber zu dem Baum. »Ich weiß nicht, Herr, ob dies so sein wird«, antwortete er ruhig, »die Gierigen haben mir verkündet, ihr würdet mir kein Leid antun.«

Der breitschulterige, junge Mann sah ihn erschrocken an: »So bist du Hunwulf«, rief er, und Armiger widersprach ihm nicht, obwohl er nicht wußte, was das alles zu bedeuten hatte.

»Er ist Hunwulf«, schrie der Anführer seinen Leuten zu, und sie umringten Armiger, jubelten und riefen ein um das andere Mal, »Krieg den Römern, Krieg den Römern!« Und alle jungen Männer und Kinder, denen sie auf ihrem Weg zum Hof des Juthungen begegneten, schrieen voller Freude: »Krieg den Römern, Krieg den Römern!« Die älteren Männer aber und die Frauen wandten sich entsetzt und verbargen ihr Gesicht in den Händen.

. . . »du wolltest wohl für die Römer spionieren? . . .

»Ich heiße Wibulus, und du mußt morgen mit mir zu Ganna reiten«, erklärte der Juthunge Armiger. »Sie verlangt dich zu sehen. Frage mich nicht, was sie mit dir vorhat. Ich weiß nur, daß du das Zeichen bist, das die swebischen Völker zum Kriege mit Rom ruft. Mag sein, daß du im heiligen Hain Ziu, dem Schwertgotte, geopfert wirst, seinen Begleitern, den Gierigen, bist du schon begegnet.«

Viele Tage danach ritten sie in den schönen Hof ein, in dem Ganna wohnte. Sie trug den Namen ihrer Urahne, die vor mehr als hundert Jahren eine so berühmte Seherin gewesen war, daß selbst der Kaiser in Rom sie zu sprechen wünschte. Ganna war nicht weniger berühmt, und Armiger war ängstlich zumute. Doch seine Furcht wich, als er der weisen Frau entgegentrat.

»Komm her«, sagte sie freundlich und legte ihm die Hand aufs Haupt. »Ich weiß, du bist Armiger, der Enkel Fiscaris, Lints und Forhas. Du bist zurückgekehrt an die Stelle, an der Forha dem Elf aus der Kiefer begegnete. Mehr als zweimal hundert Jahre sind vergangen, seit unsere Völker von den Römern geschlagen wurden und König Marbod sie aus dem Land, das ihre Väter erobert hatten, nach Osten führte. Du, Armiger, wirst dies Land wiedergewinnen. Du wirst Hunwulf, der große Wolf, genannt werden und viele tausend Krieger werden dir gehorchen. Vergiß nicht, was ich dir verkündete, und sprich mit niemanden darüber, vor allem nicht mit dem, dessen Kommen ich fühle.«

Ganna hatte kaum geendet, als das Klappern von Hufen erklang und gleich darauf die Tür aufgestoßen wurde. Der Mann, der von zwei riesigen, wolfsähnlichen Hunden begleitet den Raum betrat, war groß und schlank. Ein breitkrempiger Hut bedeckte sein dunkles, lang herabfallendes Haar und verbarg nahezu die Narbe, die sein linkes Auge verschloß. Ein weiter, blauer Mantel hüllte ihn ein, und als er ihn abwarf, nahm Hunwulf – denn so wollen auch wir ihn von nun an nennen – den Geruch von Brand und Tod wahr, dessen er sich von der Begegnung mit den Gierigen erinnerte.

»Sei gegrüßt, Goar«, rief Ganna freundlich . . .

»Sei gegrüßt, Goar«, rief Ganna freundlich, und indem sie auf Hunwulf deutete, fügte sie hinzu, »du hast ihn zum Zeichen erwählt?«

Goar lachte böse auf: »Ich zweifle nicht daran, daß die Gesandten der Völker ihn als das Zeichen Zius erkennen werden, das ich ihnen versprach – heute abend noch muß er dem Gotte geopfert werden.« Hunwulf erschrak, doch sagte er nichts, denn er vertraute Ganna. Auch wehrte er sich nicht, als ihm am Abend die Hände gebunden und er zu einem großen Hain geführt wurde, in dessen von Fakkeln beleuchtetem Rund wohl an die hundert Männer Platz genommen hatten. Hunwulf an der Schulter fassend, trat Goar in ihre Mitte.

»Seit vielen Monden habe ich euch, die Führer der swebischen Völker gebeten, mir eure Krieger zum Kampf gegen Rom zu senden, und immer und immer wieder habt ihr sie mir verweigert«, rief er leidenschaftlich und fuhr fort: »ihr habt ein Zeichen des Schwertgottes gefordert, und ich verkündete euch, ihr würdet dieses Zeichen durch einen Knaben erhalten, der den Gefährten Zius begegnen würde, Hunwulf werde sein Name sein. Vor euch steht Hunwulf – nun gebt mir, was Ihr verspracht, und heute abend noch wird der Knabe vor Ziu treten und ihm berichten, daß ihr seinen Willen befolgt.«

Doch wenn Goar geglaubt haben sollte, er werde die Zustimmung der Männer erhalten, so hatte er sich geirrt. Einer nach dem anderen erhob sich, und – ausgenommen Wibulus, der für seine Juthungen sprach – verwarfen sie alle den gefährlichen Krieg mit Rom und lehnten das Zeichen ab. Zwar erlaubten sie Goar, unter ihren jungen Männern für sein Vorhaben zu werben, doch versagten sie ihm, den Krieg im Namen ihrer Völker zu führen.

Als sie gegangen waren, ergriff Ganna Goars Hand. »Ich weiß nicht, ob du richtig gehandelt hast«, meinte sie lächelnd, »ich sehe nur die Rosse unserer Krieger aus dem Rheinstrome trinken, und das Land, das unsere Väter einst eroberten und verloren, wiedergewonnen. Nimm Hunwulf mit, er wird dir für lange Zeit Glück bringen.« Und Goar ließ Hunwulf hinter sich aufsitzen, und von nur wenigen Getreuen begleitet, ritten sie hinaus in die Nacht.

Und Goar ließ Hunwolf hinter sich aufsitzen . . .

ALAMANNEN

Goar war ein seltsamer Mann. Niemand wußte, woher er kam, doch erzählte man sich, daß er – einst ein reicher Handelsherr – im Zorn einen römischen Offizier erschlagen habe; dafür sei er gehängt worden, aber auf wunderbare Weise am Leben geblieben und dem Galgen entkommen. Seither hasse er die Römer, habe sein friedliches Gewerbe aufgegeben und schüre zum Krieg gegen Rom, wo immer er es vermöge.

Doch obwohl dies alles, wie sein düsteres Aussehen und die Verehrung, die er Wodan, dem Begleiter der Toten zollte, den Sweben unheimlich war, liefen ihm die jungen Männer der Völker zu, wenn er ihnen von weiten Raubzügen in das reiche Gallien und nach Italien erzählte, und binnen zweier Jahre gebot er über zehntausend Krieger, die allesamt trefflich beritten waren.

Voll Stolz nannten sie sich selbst die Alamannen, das heißt die Männer aus allen Völkern des Swebenbundes, und, um sich von den übrigen Leuten zu unterscheiden, trugen sie das Haar lang herabfallend und nicht, wie es seit Jahrhunderten Sitte war, an der Seite zu einem Knoten gebunden. Ja, viele unter ihnen begannen Goar zuliebe anstelle der alten Götter Wodan zu verehren. Und Goar versprach, daß jeder, der im Kriege gegen Rom falle, sogleich in eine prächtige Halle geleitet werde, in der es außer Essen und Trinken nichts zu tun gäbe, als Zweikämpfe auszutragen und ab und an ein wenig zu jagen.

In diesen zwei Jahren tat Hunwulf die Dienste eines Knappen, das heißt, er kümmerte sich um das leibliche Wohl von Goar und versorgte dessen Pferde, nicht so jedoch die beiden großen Hunde, die außer Goar selbst niemanden an sich heranließen.

Dann, als das dritte Jahr angebrochen und Hunwulf eben 13 Jahre alt geworden war, übergab ihm Goar sein Feldzeichen. Wie so vieles andere, so hatte er auch dieses aus dem fernen, fremden Land mitgebracht, in dem er vor Zeiten hauste. Das Tuch war in der Form eines Drachen geschnitten, und ritt man schnell, so blähte es sich gewaltig auf und ließ ein schrilles Pfeifen hören.

Im selben Jahr noch zeigten sich die Alamannen am römischen Grenzwall und maßen sich mit den Reitern der Festung, die dort stand, wo heute die Stadt Aalen liegt. Goar jedoch war ein vorsichtiger Mann, und als der römische Kaiser mit einem großen Heere anrückte, zog er sich sogleich zurück und überließ dem Römer die unermeßlichen Wälder des Landes.

In den folgenden Jahren aber wurden er und seine Reiter im Osten gebraucht, denn ein Volk nach dem anderen zog im Rücken des Bundes heran und versuchte, die Sweben aus ihren Sitzen zu vertreiben, allen voran die Burgunder. Die Alamannen indessen hinderten sie daran, und Hunwulf, der ein Mann geworden war, der alle um Haupteslänge überragte, trug ihnen voran die Drachenfahne. So galt er denn bald als der Tapferste, und Goar neidete ihm seinen jungen Ruhm.

Neun Jahre waren ins Land gegangen, als sie wieder einmal gegen die Burgunder zogen und sich mit ihnen schlugen. Doch die Feinde waren in der Überzahl, und als es Abend wurde, deckten viele tote Alamannen das Feld. Unter ihnen lag Hunwulf. Ein Schwertstreich hatte seinen linken Arm verwundet, sonst jedoch war er unverletzt. Über ihm aber lag, von vielen Pfeilen getroffen, sein braves Pferd, und er konnte sich nicht befreien. Nicht weit entfernt vernahm er das Heulen der Wölfe, die dem Dunkel folgen, mit dem die Nacht ein jedes Schlachtfeld verhüllt, und er glaubte sein Ende sei gekommen.

Da sah er im fahlen Licht des Mondes Goar über das Feld schreiten, und ihm voraus liefen die riesigen Hunde. Hunwulf rief um Hilfe, und Goar kam langsam auf ihn zu. Aber anstatt dem Verwundeten zu helfen, begann er ihn zu verhöhnen: »Glaubst du, mir mein Ansehen bei den Alamannen stehlen zu können, du junger Tor«, lachte er, und hob den Speer in seiner Hand, um Hunwulf zu durchbohren.

Da sprang ihn ein Wolf von der Seite an. Goar wandte sich rasch, um das Tier abzuwehren, das sich zum zweiten Sprunge duckte. Doch Hwizi ließ nicht von dem Manne, der das Leben ihres Freundes bedrohte; auch dann nicht, als die beiden Hunde sich auf sie warfen. Des Rudels, das Hwizi folgte, wurden sie indessen nicht Herr, und Goar ließ seine Tiere im Stich und floh.

Abwechselnd knurrend und liebevoll winselnd stand Hwizi über Hunwulf, während die Wölfe gierig an dem toten Pferde zerrten und rissen. Die Morgendämmerung brach an, und Hunwulf machte sich frei. Hwizi sah ihn an, und dankbar streichelte er seine Freundin, bevor sie an der Spitze ihres Rudels davontrabte.

Als Hunwulf nach langem Marsch die Alamannen erreichte, war von Goar nichts zu sehen, und er blieb für immer verschwunden. Vergessen jedoch war er nicht, und die meisten sahen ihn mit Wodan, seinem Gotte, für alle Zeit vereint. Hunwulf aber machten sie zu ihrem Führer.

. . . dankbar streichelte er seine Freundin . . .

Im folgenden Jahr schlug Hunwulf die Burgunder und nahm ihnen die Drachenfahne wieder ab, die sie in der Schlacht zuvor erobert hatten. Dann ritt er mit unermeßlicher Beute und vielen Gefangenen zu Ganna, um Ziu für seinen Sieg zu danken.

Als sie Waffen und Schmuck der Feinde in einem der heiligen Moore versenkt und von den Gefangenen diejenigen geopfert hatten, die das Los dazu bestimmte, nahm Ganna Hunwulf zur Seite:

»Du hast dem Schwertgotte geopfert, und es mag sein, daß euch dies neues Glück in der Schlacht bringt; nun aber will ich dir den zeigen, der den Sweben nicht nur Siege, sondern das Land im Westen versprach«, und sie führte Hunwulf vor das hölzerne Bild eines Gottes. Es war größer als ein Mann, sehr einfach geschnitzt, und an vielen Stellen trug es die Spuren eines Brandes.

»Sie haben ihn aus der brennenden Wagenburg Ariovists gerettet«, flüsterte Ganna, »er trägt keinen Namen, aber er ist der Älteste und Weiseste. Er sagt mir, du würdest deine Krieger siegreich nach Westen führen, doch sollst du dich hüten, den Rheinstrom zu überschreiten. Ich beschwöre dich, Hunwulf, höre auf seinen Rat.«

Es war größer als ein Mann, sehr einfach geschnitzt, und an vielen Stellen trug es die Spuren eines Brandes.

Hunwulf ging, aber als er den Krieg gegen die Römer eröffnete, hatte er Ganna vergessen, und während Wibulus mit seinen Juthungen die Donau überquerte, drang er mit den Alamannen zum Rhein vor und weit über den Strom hinaus. Ringsum brannten die Städte und Höfe der Römer, und die Alamannen zerstreuten sich, um immer neue Beute zu machen.

Wenige Wochen darauf ward der kleine Trupp, der bei Hunwulf geblieben war, von den Römern des Nachts angegriffen und zersprengt. Mit Wunden bedeckt schleppte sich Hunwulf in den Stall eines Gutshofes und verbarg sich im Stroh. In derselben Nacht stand Hwizi vor ihm.

»Sei gegrüßt, mein Freund«, sagte sie mit deutlicher Stimme, »ich bin gekommen, um dir zu helfen, denn ich sehe, es geht dir nicht gut. Bleibe ruhig dort liegen, wo du liegst, morgen schon wird dich ein Mädchen finden, das hat rabenschwarzes Haar und dunkelbraune Augen. Vertraue dich ihm an, es wird dich gesundpflegen, und ihr werdet zusammen fliehen. Nimm es, wenn ihr bei den Deinen seid, zum Weibe, und nun lebwohl, denn ich muß dorthin zurück, wo der große, weiße Wolf herrscht, von dem wir kommen und zu dem wir gehen.«

Das zierliche Mädchen, das den riesigen Krieger bewußtlos im Stroh des Stalles fand, verriet ihn nicht, und sobald er wieder reiten konnte, stahl es seinen Eltern zwei Pferde und floh mit ihm in seine Heimat. Was Hunwulf von Hwizi, einem weißen Wolf, erzählte, glaubte es ihm zwar nicht, doch liebte es ihn darum nicht weniger und wurde seine Frau.

Die Alamannen aber, wegen Hunwulfs Sorglosigkeit kläglich geschlagen, erwehrten sich nur mit Mühe der Römer, und voll Zorn hörte unser Held die Spottlieder, die seine Krieger über ihn sangen.

Das zierliche Mädchen, das den riesigen Krieger bewußtlos im Stroh des Stalles fand . . .

Jahr um Jahr verging, und Hunwulf war alt geworden, als ihn Ganna ein zweites Mal vor das Bild des Gottes führte.

»Er sagt, du sollst dich darauf vorbereiten, erneut nach Westen aufzubrechen, und wiederum rät er dir, den Rheinstrom nicht zu überschreiten.«

Diesmal vergaß Hunwulf den Rat des alten Gottes nicht, und als sie im Frühling den Rhein erreichten, überquerte er ihn nicht, sondern säuberte das Land, das er erobert hatte, von den römischen Soldaten. Das war wohlgetan, denn diejenigen, die dem Rat des Gottes nicht folgten, kamen um, und nicht anders erging es Wibulus und seinen Juthungen, die zu weit in das Reich der Römer eingedrungen waren.

Der Sommer neigte sich seinem Ende zu, als Hunwulf zu Ganna sandte und sie bat, die Sweben aufzurufen, in das neue Land zu kommen, und ehe der Winter hereinbrach, kamen die ersten. Wie vor mehr als dreihundert Jahren zogen die langen Reihen der Wagen heran, und Hunwulf und die Alamannen halfen den Siedlern, das Land in Besitz zu nehmen. Dann entließ Hunwulf seine Krieger. Er selbst übernahm es, einen Teil der Neuangekommenen zu führen, und dort, wo heute die Stadt Urach liegt, erbaute er auf einem hohen Berg eine feste Burg. Die Drachenfahne aber, unter der er mit den Alamannen so viele Schlachten geschlagen hatte, verbarg er an einem sicheren Ort.

Es war Winter und sehr kalt, als Hunwulf, der auf der Jagd gewesen, über die weite Fläche der Alb zurückritt. Der Wind wirbelte ihm die Schneeflocken entgegen, und dunkle Nebel wehten das Tal herauf. Vor dem Eingang der großen Höhle, in der er Schutz zu suchen pflegte, wenn die Wetterhexen es gar zu arg trieben, stand ein weißer Wolf.

»Ich komme, dich in die Halle der toten Helden zu

begleiten«, sagte Hwizi, und Hunwulf saß ab. Er war zehnmal sieben Jahre alt und seine Söhne wetteiferten darin, es ihm im Waffenhandwerk gleichzutun. Den kräftigsten seiner Enkel aber riefen sie in der Sprache der Römer Armiger, was soviel heißt wie ›Der Waffenträger‹, sah doch niemand ihn jemals ohne sein kleines hölzernes Schwert an der Seite.

fulja

. . . die Drachenfahne in der Linken und den Zügel lose in der Rechten . . .

Ein Jahrzehnt folgte dem anderen, und immer noch führten die Alamannen und Römer Krieg gegeneinander. Vor kurzem erst hatten die Alamannen eine böse Niederlage hinnehmen müssen und einer ihrer Fürsten war in Gefangenschaft geraten. Nun herrschte dessen junger Sohn Withikab über die Leute im südlichen Teil des Landes und darunter auch über die Männer von Fuljas Oheim, der in der Burg wohnte, die Hunwulf einst errichtet hatte.

Das Mädchen, das eben 15 Jahre alt geworden war, trug längst seinen Namen Fulja, der nichts anderes bedeutet als das weibliche Fohlen, denn sobald es konnte, war es zu den Ställen gekrabbelt, liebte die Pferde über alles und kannte bereits die Antwort auf die kleinen Rätsel:

»Zwei Köpfe, zwei Arme,
sechs Füße, zehn Zehen,
wie soll ich das verstehen?«
und
»Wer hat sechs Beine und geht nur auf vier?
Was ich damit meine, das sage mir!«

Fulja war sehr schön, hatte dunkelbraunes Haar und große graublaue Augen, und wenn sie auf Wuschel, ihrer kleinen Fuchsstute, zu den Höfen ritt, schauten ihr die jungen Männer bewundernd nach. So auch zog ihr Oheim sie, die ihre Eltern früh verloren hatte, seinen eigenen Töchtern vor und bestimmte sie zur Braut des Maikönigs, der, wie in jedem Jahr, den Winter besiegen und austreiben sollte.

Gewiß neideten die Mädchen Fulja diese Auszeichnung, doch waren sie zugleich froh, ihre Rolle nicht übernehmen zu müssen, erzählte man sich doch, daß diejenige, die die Maibraut spiele, nie eine wirkliche Brautkrone tragen werde. Zudem aber hatte sich Fürst Withikab selbst zum Feste angesagt; er würde somit der Maikönig sein, und da er zwar ein tapferer, aber bleich und kränklich aussehender Mann war, liebten ihn die Mädchen nicht.

Der Tag kam, an dem Withikab vor dem äußeren Tore der Burg hielt und mit ihm wohl an die hundert Reiter. Doch Fulja, die ihm mit ihrem Oheim entgegengeritten war, hatte keine Augen für den Fürsten. Entzückt starrte sie auf ein Pferd von ungewöhnlicher Schönheit. Der etwa vierjährige Hengst, ein Apfelschimmel, war ein mittelgroßes Tier mit feiner Mähne und Schweif. Seine Fesseln und

Gelenke waren fest, doch von äußerster Zartheit, am herrlichsten aber war sein auf einem graziösen Hals sitzender, streng geschnittener Kopf, aus dem unter langen Wimpern große, feurige Augen leuchteten.

. . . mit einem einzigen Schwung hob er das Mädchen von Wuschels Rücken auf den des Hengstes.

»Oheim, seht nur, was für ein wunderbares Tier«, rief Fulja laut, und der Fürst und seine Männer brachen in ein schallendes Gelächter aus. Der Mann auf dem Apfelschimmel aber ritt an Fulja heran, rasch saß er ab, und mit einem einzigen Schwung hob er das Mädchen von Wuschels Rücken auf den des Hengstes.

»Er heißt Reksch«, sagte er, und seine Sprache schien Fulja fremdartig zu klingen, »gefällt er euch?«

»Wo habt ihr ihn her und wer seid ihr«, fragte Fulja ein wenig verlegen. Doch bevor der Reiter ihr antworten konnte, rief Withikab fröhlich herüber, »willst du mir meine Maibraut entführen, Widigoia, vergiß nicht, daß du morgen nur der Winterkönig bist, den ich zu besiegen habe!«

»Keine Angst, Fürst«, rief der Angesprochene zurück, und zu Fulja gewandt fügte er hinzu: »Reksch ist das Geschenk eines persischen Freundes an meinen Vater. Er ist ein Fürst der Goten, die im Westen des großen Landes wohnen, das wir am Schwarzmeer eroberten. Ich bin hier, um Withikab eine Botschaft zu überbringen, in wenigen Tagen reite ich zurück.«

Fulja sah hinunter zu dem Manne, der mit der linken Hand Wuschel hielt, die aufgeregt tänzelte, während Reksch sich ruhig unter ihr bewegte.

»Er liebt euch, und ich tue dies nicht weniger«, hörte sie die ruhige Stimme Widigoias und betrachtete ihn genauer. Er war nicht größer als die Männer um sie herum, doch sehr schlank. Sein weißblondes Haar fiel ihm lang auf die Schultern, und seine freundlichen, dunkelblauen Augen standen in seltsamem Gegensatz zu dem harten und kühnen Gesicht. Langsam glitt sie von Reksch' Rücken. »Ich denke, wir werden den Fürsten willkommen heißen, wie es sich gehört«, sagte sie leise und ging auf Withikab zu. Der lachte noch immer, als er absaß, um Fulja und ihren Oheim zu umarmen.

»Reksch ist das schönste und schnellste Pferd, das ich kenne«, meinte er, »ich kann gut verstehen, daß Ihr ihn bewundert. Wißt ihr, was sein Name bedeutet?«

»Nein«, antwortete Fulja, doch ihre Gedanken waren nicht mehr bei Reksch.

»Es ist ein persisches Wort, und in unserer Sprache

bedeutet es ›Der Blitz‹, erklärte Withikab und wandte sich Fuljas Oheim zu. »Die Goten lassen uns durch Widigoia wissen, wir sollen den Römern keine Ruhe gönnen. Ich denke, wir gehen, sobald das Gras für die Pferde hoch genug steht, wieder über den Rhein.«

Mit dem Schild fing er die Speere auf, die ihm zuflogen ...

Schon in der Frühe des nächsten Morgens verbargen sich Withikab und seine Männer im Walde. An Kappen, Helmen und Gewändern trugen sie frisches Grün, als sie aus dem Gehölz hervorbrachen, vor dem sie Widigoia, der den Winterkönig darstellen mußte, in einen schweren Pelz gehüllt, erwartete. Mit dem Schild fing er die Speere auf, die ihm zuflogen, und als Withikab mit gefällter Lanze auf ihn zujagte, wandte er sich zur Flucht. Dann, einen weiten Bogen galoppierend, kehrten beide zurück und setzten sich an die Spitze der Krieger, die um die Felder ritten und Götter und Geister um eine gute Ernte anflehten.

Ein großes Mahl für den Maikönig und seine Braut schloß das Fest ab, und Withikab bat um Fuljas Hand.

»Sie war meine Maibraut und soll meine Braut werden«, rief er in die Menge, und indem er Fuljas Hand ergriff, fuhr er fort: »heute in einem Jahr werde ich kommen und euch als meine Frau heimholen.«

Am Tage darauf nahm Widigoia Abschied. »Ihr habt einen weiten Weg vor euch«, flüsterte Fulja und sah traurig zu ihm auf, als er sein Pferd bestiegen hatte. Da wandte Reksch den Kopf und blies ihr zärtlich in die Haare.

Er meint, wir werden uns wiedersehen«, sagte Widigoia, und im Anreiten rief er zurück: »Er hat immer recht behalten!«

REKSCH

... am Webstuhl ...

Wenige Wochen darauf ging Withikab mit seinen Kriegern über den Rhein, verheerte Gallien und brachte eine Menge Beute, darunter viele Gefangene, mit nach Hause. Doch schon im Winter desselben Jahres starb er an dem Gift, das einer seiner Gefolgsleute, den die Römer bestochen hatten, ihm in den Wein mischte. Fulja lebte weiterhin in der Burg ihres Oheims, stand tagein, tagaus am Webstuhl, und kein Alamanne wagte es, um die Hand der Braut des toten Fürsten zu bitten.

Zehn Jahre waren vergangen, Fuljas kleine Fuchsstute Wuschel genoß längst das Gnadenbrot, und eine schöne Schimmelstute trabte unter der jungen Frau das lange Tal der Erms hinab.

Sie hatten den Talausgang erreicht, als Fulja einen Reiter auf sich zukommen sah, und kurze Zeit danach hielt Widigoia neben ihr. Weder er noch Reksch schienen sonderlich müde zu sein, ja, Widigoia lächelte belustigt, als Fulja sich besorgt erkundigte, ob sie beide wohlauf seien.

»Wir schon«, nickte er vergnügt, »einige, die uns unterwegs aufhalten wollten, sind es wohl weniger. Doch nun, so denke ich, sind wir bei Freunden und am Ziel.«

Und als sie in der großen Halle der Burg saßen, berichtete er, daß die Goten, von einem fremden Volke bedrängt, an der Ostgrenze des römischen Reiches stünden und darauf warteten, in dieses einzufallen, um sich neues Land zu nehmen. Wieder sei er hier, um die Alamannen zu bitten, die Römer in Gallien anzugreifen, damit sie den Ihrigen nicht zu Hilfe kämen.

Man kann nicht sagen, daß die Alamannen sich lange bitten ließen, und der Kaiser der Römer, der das Reich im Westen beherrschte und seinem Bruder, der im Osten regierte, gerne beigestanden wäre, hatte alle Hände voll zu tun, die eigenen Grenzen zu schützen. Widigoia aber, der Fulja zur Frau genommen, ritt fortan mit den Alamannen.

Das zweite Jahr seit der Rückkehr des Goten war angebrochen, als er von seiner Frau und seinem kleinen Sohne Abschied nahm, denn die Römer zogen mit einem großen Heere von Süden heran. Doch es war die letzte Schlacht, die sie zwischen Rhein und Donau schlugen, und niemals mehr betraten sie das Land, das Hunwulf erobert hatte. Reksch jedoch kehrte mit seinem toten Herrn zurück.

Reksch jedoch kehrte mit seinem toten Herrn zurück.

Fulja trauerte um ihren Helden, und es tröstete sie nicht, als sie erfuhr, daß fern im Osten die Goten im selben Jahr die Römer geschlagen und die Aufnahme in ihr Reich erzwungen hatten.

Ein Jahr verging, als Fuljas Schimmelstute ein Hengstfohlen zur Welt brachte, dessen Vater Reksch war. Es wurde ein hübsches, grauweißes Tier, und sie nannten es Schimming. Reksch selbst war nun 18 Jahre alt, und jeden Tag besuchte Fulja ihn, sei es im Sommer auf der Weide, sei es im Winter im Stalle. So auch tat sie dies vier Tage nach der Wintersonnenwende, dem Tag also, an dem, wie jedermann weiß, Frau Holle, die alle Pferde beschützt, zu den Ihren geht, um nach dem Rechten zu sehen.

Die Nacht brach herein. Noch immer stand Fulja an der Krippe von Reksch, verbarg ihr Gesicht in seiner Mähne und wie so oft sprach sie ihn an: »Reksch«, sagte sie, »die Römer haben Withikab vergiftet und Widigoia erschlagen, und wohin ich sehe, stehen sie noch immer an den Grenzen unseres Landes, im Norden aber haben sie die Burgunder gegen uns aufgebracht, was nur soll aus meinem kleinen Sohne werden, den Widigoia mir anvertraute.«

Da senkte der Hengst das Haupt und antwortete: »Verzage nicht, Fulja! Vor vielen Jahren hat Ganna Hunwulf, deinem Ahn, geraten, den Rheinstrom nicht zu überschreiten. Nun aber sage ich dir: Wenn dein Sohn zum Führer eurer Krieger geworden ist, dann gehe noch am selben Tage zu der großen Höhle, vor der Hwizi Hunwulf erwartete und entferne den Stein, der gleich neben dem Eingange liegt. Dort versteckt wirst du ein seltsames Feldzeichen finden. Sammle unter ihm alle Krieger, die dir und deinem Sohne gehorchen und reite denen entgegen, die vom Osten heranziehen. Sie werden die Macht der Römer für alle Zeiten brechen. Glaube mir und tue, was ich dir rate.«

... und staunend sah sie, wie der Hengst Frau Holle zu den Sternen trug.

Langsam ließ sich das schöne Tier nieder. Sanft legte es sich zur Seite, und Fulja weinte um ihren toten Freund.

Als sie den Stall verließ, funkelten die Sterne, und trotz der Jahreszeit wehte ein warmer Wind. Eine weiße Wolke trieb auf sie zu, und Frau Holle stand vor ihr.

»Ich bin gekommen, deinen Freund zu holen«, sagte sie, und Fulja verneigte sich tief. Als sie wieder aufblickte, stand Reksch neben der Göttin, und staunend sah sie, wie der Hengst Frau Holle zu den Sternen trug.

DIE BURGUNDER

Fuljas Sohn war 13 Jahre alt, als die Alamannen um das Land zwischen den Taunusbergen und dem Neckar mit den Burgundern stritten. So ritt denn Fulja mit dem Knaben nach Norden, um die Freunde zu retten, die sie dort hatte. Aber es war zu spät, und nichts blieb ihr zu tun, als die Toten zu bestatten und mit dem zu versehen, wessen sie für das Leben im Jenseits bedurften.

Als sie zurückritten, versperrten ihnen burgundische Reiter den Weg. Schimming jedoch war schneller als sie und brachte seine Herrin in Sicherheit. Das Pferd des Knaben aber stürzte, und die Krieger nahmen ihn gefangen.

Fulja war verzweifelt, und von Ferne folgte sie der Spur der Reiter, die ihren Sohn weiter und weiter nach Norden führten. Das Land, durch das sie zogen, war schrecklich verwüstet. Höfe und Felder waren niedergebrannt, die Brunnen verschüttet und die Menschen verschleppt. Doch Fulja kannte dies alles von Kind an, denn nicht anders sah das Land aus, in das die Römer einfielen, und aus vielen Erzählungen vermochte sie sich vorzustellen, wie es dem fruchtbaren Gallien erging, wenn die alamannischen Reiter darin heerten.

Mehrere Tage schon folgte Fulja den Entführern ihres Sohnes, als sie einige stattliche Gehöfte erblickte, zwischen denen der Reitertrupp mitsamt seinem Gefangenen verschwand.

Fulja saß ab, verbarg Schimming im Gebüsch eines kleinen Baches und näherte sich in der Dämmerung den Gehöften. Aus dem Hofe des größten von ihnen erklangen Stimmen, und vorsichtig trat sie heran. Im Schein eines mächtigen Feuers sah sie die Krieger, die ihren Sohn gefangengenommen hatten. Dieser selbst aber lag mit gefesselten Händen nicht weit entfernt von der Gruppe und schien zu schlafen.

Lange Zeit war verstrichen, als ein hochgewachsener langbärtiger Mann an das Feuer trat und von den Kriegern freudig begrüßt wurde. Der Knabe wurde geweckt und von seinen Fesseln befreit, führte ihn der Langbart in eines der großen Gebäude, die den weiten Hof umgaben.

Fulja war erleichtert, das Leben ihres Sohnes schien außer Gefahr, doch wie sollte sie ihn wiedergewinnen? Noch einmal erschien der Langbart in der Tür. Diesmal stellte er ein Fäßchen neben die Männer, und sie machten sich gierig über dessen Inhalt her. Bald wurden ihre Stimmen lauter und lauter, und es dauerte nicht lange, so konnte Fulja jedes ihrer Worte verstehen. Die Reiter freuten sich auf den Pferdekampf des morgigen Tages, denn ihr Anführer hatte demjenigen, der über seinen Rappen siegte, das beste Stück aus der Beute ihres Raubzuges versprochen: Es war Fuljas Sohn, für den man ein hohes Lösegeld erwartete.

Während die Krieger die Vorzüge und Stärke ihrer Tiere rühmten, ging Fulja zurück. Lange betrachtete sie Schimming. Er war nicht so schön wie Reksch, doch war er

. . . als die beiden Hengste, auf der Hinterhand stehend, sich mit Vorderhufen und Zähnen bedrängten, war der Kampf nach kurzer Zeit entschieden.

größer und kräftiger, und wenn auch weniger schnell als sein Vater, bewegte er sich doch ungemein geschickt.

»Laß uns ruhen, Schimming«, sagte sie, »ich fürchte, wir haben einen schweren Tag vor uns.« Im Morgengrauen aber ritt sie zum Hof des Burgunders. Wie sie erwartet hatte, lehnte dieser ein Lösegeld für den Knaben ab.

»Ihr kommt zu spät, Fulja«, erklärte er, »gestern schon habe ich meinen Männern versprochen, daß der, dessen Pferd am heutigen Tage über das meine siegt, das beste Stück aus unserer Beute, euern Sohn, erhält. Bevor dieser Kampf nicht vorüber ist, kann ich ihn euch nicht verkaufen. Doch seid unbesorgt, mein Rappe wird siegen, und wir werden uns über den Preis des Knaben einig werden.«

Fulja sah ihn herausfordernd an, als sie keck erwiderte: »Wenn ihr so sicher seid, daß euer Rappe siegt, so erlaubt mir, mit meinem Pferde an dem Kampf teilzunehmen.«

Der Burgunder lachte laut auf: »Ihr seid schlau, Fulja, ihr wißt, wieviel meinen Männern und mir ein guter Kampf wert ist. Sei's drum, gewinnt euer Tier, sollt ihr den Knaben zurückerhalten.«

Der Rappe war Schimming nicht ebenbürtig, und als die beiden Hengste, auf der Hinterhand stehend, sich mit Vorderhufen und Zähnen bedrängten, war der Kampf nach kurzer Zeit entschieden. Glücklich war der Langbart darob nicht, aber er hielt sein Wort. Ja, er schenkte dem Knaben eines seiner Pferde, und Fulja und ihr Sohn kehrten zu den Ihren zurück.

DIE DRACHENFAHNE

In der Truhe aber lag die Drachenfahne Goars . . .

Sechzehn Jahre gingen ins Land. Es war Frühling, der Oheim Fuljas war gestorben, und die Krieger, die ihm gefolgt, wählten Fuljas Sohn zu ihrem Führer.

Am selben Tage noch ging Fulja hinüber zu der Höhle, vor der Hwizi Hunwulf erwartet hatte. Vorsichtig entfernte sie den Stein, der sich neben ihrem Eingang befand und stieß darunter auf eine Truhe, die war mit Harz verpicht. In der Truhe aber lag die Drachenfahne Goars, die Hunwulf in vielen Schlachten den Alamannen vorangetragen.

Fulja nahm das Feldzeichen und brachte es hinüber zur Burg, doch nichts hörte man von den Leuten aus dem

Osten, denen sie entgegenziehen sollte. Der Frühling ging und ebenso der Sommer, als sie von den Reitern, die sie ausgesandt, erfuhr, daß eine ungeheure Menge Menschen die Donau überschritten und den Main erreicht hatte. Dem Flusse entlang bewegte sie sich auf den Rhein zu. Da sammelte Fulja die Krieger um sich und ritt aus, um die Fremden zu suchen.

Es war ein herrlicher Herbstmorgen, als sie ihnen begegnete. Das Laub der Bäume leuchtete in allen Farben, und die Vögel sammelten sich, um in eine unbekannte Ferne zu ziehen. Die Rosse der Reiter, die ihnen entgegenkamen, wieherten und die von Fuljas Kriegern antworteten fröhlich. Mit der Drachenfahne in der Linken und von ihrem Sohne begleitet, ritt Fulja vor die Front ihrer Männer, und der Anführer dort drüben tat dasselbe.

Als sie nur noch wenige Schritte voneinander entfernt waren, stieß der Fremde einen überraschten Ruf aus. Erregt deutete er auf die Drachenfahne, und Fulja, die das Feldzeichen des anderen musterte, erkannte mit Erstauen, daß es um ein Haar dem ihren glich.

»Wer seid ihr, daß ihr unser Feldzeichen führt«, rief der stattliche Mann, der auf einem prachtvollen Falben saß.

»Das ist eine lange Geschichte, Fremder«, antwortete Fulja ernst. »Laß uns absitzen und dort drüben Rast halten, ich will sie dir gerne erzählen.«

Und Respendial, der König der Alanen, der sich neben Fulja niederließ, erfuhr von Goar, Hunwulf und der Weissagung von Reksch.

»Dein kluger Hengst wird recht behalten«, rief er, »es war Goar, der uns vor langer Zeit verließ, um mit euch die Römer zu bekriegen. Er ist nie zu uns zurückgekehrt. Hilf du uns, den Rhein zu überschreiten. Vor uns her ziehen die Vandalen, und hinter uns kommt ein swebisches Volk, das seine Nachbarn die Quaden nennen. Vereint werden wir die Römer besiegen.«

. . . Fulja, die das Feldzeichen des anderen musterte, erkannte mit Erstaunen, daß es um ein Haar dem ihren glich.

Fulja war sehr glücklich, denn nun würden Withikab und Widigoia gerächt werden. Mit ihren Kriegern zogen sie ins Lager der Alanen, und niemals zuvor hatte sie so viele herrliche Pferde gesehen. So wurde sie nicht müde, mit Respendial von einer der Koppeln zur anderen zu gehen und dabei zu lernen, wie man den Steigbügel gebraucht, denn diesen hatten die Alamannen bisher nicht gekannt. Respendial aber, der die Pferde nicht weniger liebte als Fulja und sich wie sein ganzes Volk, das aus den weiten Steppen des Ostens kam, ein Leben ohne Rosse nicht vorstellen konnte, bewunderte Fulja sehr, und es dauerte nicht lange, und die beiden hatten Respendials Tochter und Fuljas Sohn miteinander verlobt.

Doch so schön die Tage und Wochen waren, in denen sie immer weiter nach Westen ritten, so schlimm waren die Nachrichten, die von den Vandalen kamen, die ihnen vorauszogen. Den Römern war es gelungen, die Franken, die die Ufer des unteren Rheines bewohnten, dafür zu gewinnen, den großen Zug aufzuhalten. Unversehens hatten sie angegriffen, und nur das rasche Vorrücken Respendials und seiner Männer rettete die Vandalen vor der Vernichtung. So kam es, daß die Alanen erst nach mancherlei Kämpfen zum Ende des Jahres den Rhein erreichten.

Fulja und ihre Krieger bildeten die Vorhut, als sie den Strom vor sich sahen. Auf den Höhen des gegenüberliegenden Ufers bewegten die Reiterposten der Franken ihre Pferde, und die hellen Wolken der Rauchzeichen stiegen in den Himmel. Respendial ritt an Fulja heran.

»Der Strom führt zwar nur wenig Wasser«, meinte er, »trotzdem werden wir vor Kälte starr sein und unsere Waffen nicht führen können, wenn wir ihn durchreiten.«

Fulja sah an ihm vorbei, und während er ihr nachschaute, ritt sie langsam den nächsten Hügel empor. Laut rief sie zu Withikab, Widigoia und Reksch, und flehte sie an, Frau Holle zu bitten, ihnen zu helfen.

Es wurde finster, und aus dem Osten begann ein eisiger Sturm zu wehen. Über Nacht und Tag gefror der Strom, und im Schutze des darauffolgenden Dunkels griffen die Alanen und Alamannen an. Die Schlacht war furchtbar, doch die Verbündeten siegten, und die Franken wandten sich zur Flucht.

Auf dem linken Ufer des Rheins saßen Fulja und Respendial auf ihren Pferden, als die ersten Wagen mit Frauen und Kindern heranrückten.

»Wirst du mit ihnen ziehen«, fragte Fulja ihren Sohn. Doch als sie sah, wie er vor Freude singend an den Wagen seiner Braut heranritt, wartete sie die Antwort nicht ab.

»Gib auf die beiden acht«, sagte sie zu Respendial. Sie reichte ihm die Hand, und der Alane nickte nur, denn das Sprechen wäre ihm schwergefallen. Behutsam wendete sie ihr Pferd, und, von ihren Kriegern begleitet, ritt sie langsam zurück.

Viele Jahre noch lebte Fulja auf der Burg Hunwulfs. Als man sie schließlich zu Grabe trug, glaubte niemand, daß sie wirklich gestorben sei; und wer gut achtgibt, kann sie am vierten Tage nach der Wintersonnenwende im Gefolge von Frau Holle sehen: die Drachenfahne in der Linken und den Zügel lose in der Rechten, denn sie liebt die Pferde über alles und möchte den weichen Lippen Rekschs nicht wehtun.

swegelsang

»Schön hast du gespielt
Swegelsang«

DAS LIED DER GRILLE

Der knapp 14 Jahre alte Bub saß seit gut einer Stunde im hohen Gras und spielte ein Liedchen nach dem anderen. Sie hatten ihm den Spitznamen Swegelsang gegeben, was soviel heißt wie Flötenspiel, und in der Tat gab es für ihn nichts Schöneres, als seine Flöte zu blasen.

Hurtig liefen Ameisen und mancherlei Käfer an ihm vorbei, aber er bemerkte sie nicht. Unverwandt waren seine dunklen Augen auf eine große Grille gerichtet, die, von der Spitze eines Grashalmes aus, sein Lied mit ihrem Gesang zu begleiten schien.

»Mein Spiel gefällt ihr wohl«, dachte Swegelsang, schloß mit einem munteren Triller und erhob sich. Doch als er sich zum Gehen wandte und noch einmal zu der Grille hinüberblickte, traute er seinen Augen nicht. Das Insekt wuchs und wuchs, und als es mehr als mannshoch geworden war, trat aus seinem grünbraunen Kleid Loki auf ihn zu.

»Schön hast du gespielt, Swegelsang«, sagte der listenreiche und verwandlungsfreudige Gott, dessen Geschäft es war, alle zu narren, »wie viel läßt sich doch mit solchem Spiel erreichen!«

Swegelsang war keineswegs erschrocken, als der Gott ihn ansprach, wußte er doch, daß Loki Künstlern jeglicher Art gerne beistand. So antwortete er denn auch fröhlich: »Sei gegrüßt, Loki, mögest du recht haben, daß man mit dem Flötenspiel mancherlei erreichen kann. Bislang allerdings haben sich die meisten die Ohren zugehalten, wenn ich ihnen aufspielte. Deshalb sitze ich auch nicht in der Halle meines Vaters, sondern hier im Grase, wo mich niemand hören kann.«

»Die törichten Leute«, schalt Loki, »ich würde mir einen Spaß daraus machen, sie ein wenig durcheinanderzubringen, willst du mir dabei helfen?«

»Natürlich«, lachte Swegelsang und schüttelte begeistert seine blauschwarzen Locken, »doch wie stellst du dir das vor?«

»Das wirst du erleben«, kicherte Loki, und dort, wo er gestanden, wiegte sich auf der Spitze eines Grashalmes eine braungrüne Grille und sah ihn aus großen Augen an.

»Was für ein Unsinn«, dachte Swegelsang, »Vater würde sagen, du hast dir den Verstand aus dem Kopfe geblasen.« Rasch machte er sich auf den Heimweg, denn die Sonne begann hinter den Hügeln Galiciens zu sinken. Ein Volk der Sweben, die Quaden, hatten dieses Land vor vierzig Jahren von den Römern erobert.

Swegelsangs Vater, ein Enkel Fuljas, der sich von den Alanen getrennt und den Sweben angeschlossen hatte, bewohnte einen großen Hof und als Swegelsang dessen Halle betrat, saß er im Kreis seiner Familie und seines zahlreichen Gesindes am Haupt der Tafel und sah seinem Sohn streng entgegen. Swegelsang befürchtete Schlimmes, sein Vater jedoch rief ihn zu sich heran und erzählte ihm, daß der König der Sweben, Rechiar, in wenigen Wochen aufbrechen werde, um die Tochter des Gotenkönigs zu freien. Rechiar selbst aber habe ihn gebeten, Swegelsang unter die Musikanten einzureihen, die ihn begleiten sollten. Swegelsang war verblüfft. Sprachlos saß er vor seiner Schüssel Hirsebrei, und während er das Gericht, das er verabscheute, widerwillig verzehrte, glaubte er, ein listiges Kichern zu hören.

Wochen darauf zog er mit Rechiar zum Hofe des Goten, dessen Volk, das seit drei Jahrzehnten in Gallien saß, sich einbildete, das bei weitem edelste aller Völker zu sein. So war denn auch sein König trotz seines hohen Alters ein äußerst hochnäsiger Mann, und die swebischen Musikanten mußten sich alle Mühe geben, Gnade vor ihm zu finden. Weniger schwer fiel ihnen dies bei den jungen Frauen und Mächen des Hofstaates, und es dauerte nicht lange, so hatte sich die vornehme Zofe der Braut in Swegelsang verliebt.

Swegelsang gefiel dieses Mädchen sehr, obwohl er wußte, daß es einem großen gotischen Herrn anverlobt war, der sich gerade mit den Römern im Süden Galliens herumschlug. Mit der Erlaubnis von Rechiar blieb er deshalb am Hofe der Goten, als der Swebenkönig mit seiner jungen Frau die Heimreise antrat.

Doch als ein Jahr vergangen war, kehrte der Verlobte des Mädchens zurück, und es währte nur kurze Zeit, bis er bemerkte, daß seine Braut nur Augen für einen anderen hatte. Das war nicht gut für Swegelsang, denn der Gote war ein äußerst kräftiger und gewandter Krieger und freute sich keineswegs, daß der ganze Hof über ihn lachte. So war Swegelsang denn froh, daß der Gotenkönig dabei war, ein großes Heer aufzustellen, um ausnahmsweise einmal nicht gegen die Römer, sondern an deren Seite ins Feld zu ziehen. Der König der Hunnen war zusammen mit zahlreichen anderen Völkern in Gallien eingefallen.

... und es dauerte nicht lange, so hatte sich die vornehme Zofe der Braut in Swegelsang verliebt.

DREIMAL DIE EINS

Dort, wo heute die Stadt Troyes liegt, begegneten sich die beiden Heere, und als es dunkel wurde, waren die Franken, die dem römischen Feldherrn und den Goten am nächsten Tage beistehen sollten, immer noch nicht da. So wurde Swegelsang losgeschickt, um sie zu suchen. Er traf sie just in dem Augenblick, als sie sich mit einigen Hunnen herumschlugen, die ihnen den Weg versperren wollten.

Die Franken waren gefährliche Leute und hieben sich ihren Weg frei, doch ließen sie dabei einen ihrer Anführer für tot liegen. Swegelsang aber, der sah, daß der Mann sich noch rührte, stand ihm bei, und da er ein Urenkel des Alanenkönigs Respendial war und wie alle Alanen mit dem Bogen geschickt umzugehen wußte, gelang es ihm, die hunnischen Reiter fernzuhalten und den Verwundeten in Sicherheit zu bringen. Und der Krieger, der eine mächtige Wunde auf der Brust trug, nannte ihn seinen Bruder und schwor, ihm beizustehen, wann und wo immer dies sein würde. Zum Dank aber bat er Swegelsang, sein Schwert zu tragen, das er Bluotsuga nannte, was in unserer Sprache soviel heißt wie der Blutegel.

Und der Krieger, der eine mächtige Wunde auf der Brust trug . . .

Swegelsang, der mittlerweile 16 Jahre alt und groß und schlank gewachsen war, band sich das Schwert um. »Ich werde mir Mühe geben, Bluotsuga gut zu führen«, sagte er zu dem Franken, und er hatte Gelegenheit genug, dies schon am nächsten Tage zu beweisen.

Römer, Goten und Franken siegten, doch der Gotenkönig fiel in der Schlacht. So machte sich denn sein Sohn mitsamt seinem Heere sogleich auf den Heimweg, denn er wollte keinem seiner Brüder, die zu Hause geblieben waren, die Möglichkeit geben, ihm die Krone streitig zu machen.

Zu der prächtigen Leichenfeier, die die Goten ihrem toten Herrscher bereiteten, kam auch der kühne swebische Held, Ricimer. Ricimer diente den Römern, denn er hegte hochfliegende Pläne und dünkte sich weit besser als seine Landsleute. Bei alledem aber war er nicht nur ein tapferer, sondern auch gescheiter Mann und konnte sehr lustig sein. So war er es, der den Hof der Goten wieder mit fröhlichem Leben erfüllte, und die Festlichkeiten rissen nicht ab. In sie hinein geriet Swegelsang, dem nun der Ruf eines unerschrockenen Kriegers voranging.

Es ist traurig zu berichten, daß er sich nicht schämte, dies auszunutzen, und bald trat ein erboster Vater vor den König und forderte diesen auf, Swegelsang zu zwingen, seine Tochter zur Frau zu nehmen.

Swegelsang war betroffen, denn er hatte nicht die Absicht, die Freiheit aufzugeben, die er so sehr liebte. Betrübt setzte er sich mit Ricimer zum Würfelspiel, in dem er stets gewann und mit dessen Hilfe er sich bereits ein hübsches Sümmchen beiseite gelegt hatte.

Heute aber schien ihn das Glück verlassen zu haben, und als es Abend wurde, hatte er unter den Augen des ganzen Hofes nicht nur sein Vermögen, sondern auch sein Pferd und seine Waffen verspielt.

Ricimer sah ihn an: »Nun, Swegelsang«, meinte er, »wie wär's, du würdest dir mit einem Wurf alles zurückholen, was du bislang verloren hast?«

»Schon gut«, antwortete Swegelsang verschmitzt, »du hast leicht reden, denn ich habe nichts mehr einzusetzen.«

»Du hast doch dich selbst«, erwiderte Ricimer, und über Swegelsangs Gesicht, der den erbosten Vater vor dem Könige stehen sah, glitt ein vergnügtes Lächeln.

»Ist gut, Ricimer«, sagte er, »ich will um mich selbst spielen, wenn du mir verrätst, was du mit mir vorhast, sollte ich verlieren.«

Das will ich gerne tun«, antwortete Ricimer gutmütig, »du erhältst Pferd und Waffen zurück und wirst so lange in meiner Leibwache Dienste tun, bis du deine Schulden bezahlt hast.« Und Swegelsang warf dreimal die Eins, denn das Würfeln beherrschte er von Grund auf.

Am nächsten Tage schon verließen sie den Hof der Goten und ritten nach Rom. Der Jasmin blühte, aus den Pinien schallten die Lieder der Zikaden, und Swegelsang gefiel die Stadt und alles, was in ihr vorging.

Viele Tage und Nächte zog er mit den Gefährten aus der Leibwache Ricimers durch Straßen und Schenken, auch schloß er enge Freundschaft mit einem afrikanischen Zauberer und verstand sich bald besser als dieser auf das Schlucken von Schwertern und allerlei andere unnütze Kunststückchen.

Und Swegelsang warf dreimal die Eins, denn das Würfeln beherrschte er von Grund auf.

Wie stets blieb ihm das Glück treu, und als sich zwei Jahre danach Ricimer nach Sizilien einschiffte, um einen Einfall der Vandalen abzuwehren, die seit einigen Jahren in Afrika hausten und gewaltige Seeräuber waren, war er bereits ein freier Mann. In bester Laune ging er an Bord des Schiffes, das sie zu der Insel tragen sollte, und es schien auch an der Zeit, Abschied zu nehmen, denn einige wohlhabende römische Herren waren böse darüber, daß er mit ihren Töchtern zu enge Freundschaft geschlossen.

DIE SINGENDEN KÜSTEN

Die Flotte der Vandalen lag vor der Küste, an der sich heute die Stadt Agrigent erhebt. Ihre Reiter zogen plündernd durch ganz Sizilien, und Ricimer hatte viel zu tun, bis er sie wieder zurückgedrängt und von Land und See aus eingeschlossen hatte.

»Ich halte es für nützlich«, meinte er, »wenn wir, bevor wir sie angreifen, einige ihrer Schiffe in Brand setzen; würdest du das übernehmen, Swegelsang?«

Und Swegelsang, der jedem Streich zugetan war, lud ein Boot voll mit Pechkränzen und ruderte, als es dunkel geworden, vorsichtig zu den Schiffen der Vandalen. Er hatte schon eine stattliche Anzahl in Brand gesetzt, und die Sonne ging eben auf, als sie ihn entdeckten und an Bord zogen.

»Verdammter Römer«, schrie der Kapitän des Schiffes, »auf welche Art willst du sterben?«

»Wenn's schon ans Sterben gehen soll«, antwortete Swegelsang tapfer, »so möchte ich, daß du mich mit dem Schwerte erschlägst, denn ich bin der Urenkel Fuljas und Respendials, und ohne die Alamannen und Alanen wärt ihr heute gewiß nicht hier. Ich bedaure, daß die Meinen den Deinen damals zu Hilfe gekommen sind.«

»Nun, das sollst du nicht«, sagte der Vandale schon etwas freundlicher. »Siehst du die Möwe da drüben hocken? Wenn du ein Urenkel Respendials bist, triff sie gut, und du kannst frei mit uns ziehen.«

Er reichte ihm seinen Bogen, und Swegelsang sah sich um. Von den Schiffen Ricimers war weit und breit nichts zu sehen.

»Besser auf Deck eines Vandalenschiffes leben, als tot im Wasser schwimmen«, dachte er, spannte den Bogen und erlegte die Möwe, die gut fünfzig Schritt entfernt gesessen hatte.

»Gebt ihm seine Waffen zurück«, rief der Vandale, »er soll einer der Unseren sein; und nun an die Ruder, Männer!«

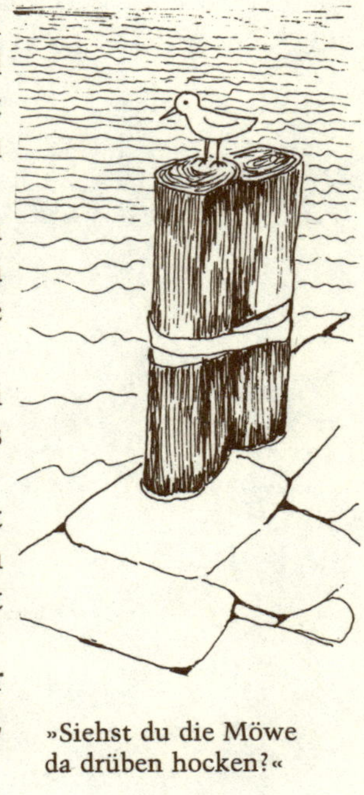

»Siehst du die Möwe da drüben hocken?«

Swegelsang staunte. Nie zuvor hatte er so viel Geschick in all den Fertigkeiten bemerkt, die zur Bedienung eines Schiffes notwendig sind. Bewunderung erfüllte ihn, und als sie die lange Reihe der Schiffe Ricimers durchbrachen, stand er an der Reling und schoß nach Herzenslust auf seine früheren Freunde.

Neun Jahre lag Swegelsang auf See. Die Kleider, die er trug, hatten einst einem vornehmen Herrn aus Konstantinopel gedient, die Kette, die seinen Hals und die Ringe, die seine Hände schmückten, waren das Eigentum reicher Händler aus Alexandria gewesen, und die hübsche kleine Flöte, die er ab und an blies, gehörte vormals einem jungen Manne aus Marseille.

Das Schiff, das man ihm anvertraut, war um vieles tüchtiger als das, auf dem die Vandalen ihn gefangengenommen hatten, und seine Besatzung bestand aus ausgesuchten Leuten. Innig liebten sie ihren jungen Kapitän, der – stets der erste und letzte im Gefecht – ein gutes Wort für jeden bereit hatte. Seine Heiterkeit aber half ihnen über all die schrecklichen Gefahren hinweg, die nicht nur die Flotten der Römer, sondern auch das Meer barg, und mit ihm genossen sie das Glück, das ihnen zuteil wurde, wenn sie langsam an den Küsten vorüberruderten, die mit den Stimmen von tausend und abertausend Zikaden zu singen schienen.

Das Schiff, das sie eines Abends sichteten, war ein riesiger Fünfruderer, und obwohl sie annahmen, daß er eine Menge Soldaten an Bord hatte, begannen sie, Jagd auf ihn zu machen. Als es Morgen wurde, hatten sie ihn eingeholt und gegen Mittag in hartem Kampf genommen. Vier Tage darauf liefen sie in den Hafen Karthagos ein, um Geiserich, dem König der Vandalen, der sein Volk einst nach Afrika geführt hatte, die prächtige Beute zu übergeben.

König Geiserich war ein schlauer alter Mann und behielt stets das Beste für sich. Doch als Swegelsang, den er liebte, ihn um eines der schönen Mädchen bat, das er auf dem Fünfruderer gefangengenommen, überließ er es ihm.

Swegelsang nahm das Mädchen zur Frau, aber es hielt ihn nicht lange an Land, und sobald die Winterstürme vorüber waren, lief er aus, und kein Schiff war vor ihm und seinen Männern sicher.

Die Römer schrieben das Jahr 476. König Geiserich hatte Frieden mit ihnen geschlossen, und die Schiffe der Vandalen und Römer bewachten nun gemeinsam die Wege der Kauffahrer.

Es war ein klarer Frühlingstag, als Swegelsang ein Jahr danach an Bord seines Schiffes ging. Außer seinen Waffen und seiner kleinen Flöte hatte er alles, was er besaß, auf seinem Landsitz zurückgelassen. Er sah seine Männer an. Ihre Arme waren fest und ihre Augen blickten nicht weniger entschlossen als in den vielen zurückliegenden Jahren. Das beste Schiff, das König Geiserich je besessen, glitt langsam aus dem Hafen Karthagos. Wenige Tage darauf durchlief es die Säulen des Herkules, die wir heute die Straße von Gibraltar nennen, und als es Kap San Vincente erreicht hatte, nahm es Kurs nach Norden. Von seinem Bug her aber erklang das Zirpen einer Zikade, und Swegelsang lächelte ihr zu. Er wußte, daß Loki ihm die Langeweile auch weiterhin fernhalten würde.

HERZOG DER ALAMANNEN

Zehn Jahre lang machte Swegelsang die Küsten Spaniens und Galliens unsicher, bis unweit der Mündung der Seine die Schiffe der Franken sein Boot einkreisten.

Es war ein älterer, grimmig dreinschauender Krieger mit einem riesigen Schnauzbart, der seine Streitaxt schwingend als erster auf Swegelsangs Boot sprang. Doch Bluotsuga traf ihn so kräftig auf Helm und Schild, daß er rücklings ins Wasser stürzte. Als er prustend wieder auftauchte, sah er einem Walroß ähnlicher als einem Helden, und Swegelsang lachte ihn aus. Der Franke aber verstand offensichtlich keinen Spaß; rasch streifte er seinen mit Wasser vollgesogenen Rock ab, nahm sein Kurzschwert zwischen die Zähne und griff nach der Reling. Da sah Swegelsang auf der entblößten Brust des Kriegers eine mächtige Narbe, und zum zweitenmal schenkte er dem Manne das Leben, den er am Abend vor der Schlacht gegen die Hunnen dem sicheren Tod entrissen hatte.

Von den Franken treulich geleitet und versorgt, ruderten Swegelsangs Männer die Seine hinauf. Er selbst aber ritt mit dem Krieger, der ihn seinen Bruder nannte, zu König Chlodwig, und da er mittlerweile 52 Jahre alt war, sagte er nicht nein, als der König der Franken ihm die Hand einer vornehmen Dame anbot und sich dafür die Schlauheit des weitgereisten Sweben zunutze machte.

Als er prustend wieder auftauchte, sah er einem Walroß ähnlicher als einem Helden . . .

Viele Jahre lang zog Swegelsang nun im Dienste seines neuen Herrn von Königshof zu Königshof und erledigte seine Geschäfte auf das beste. Und, da er an Vergnügungen und lustigen Streichen aller Art immer noch seinen Spaß hatte, verging ihm die Zeit wie im Fluge, und es wurde ihm nicht langweilig.

Aber dies sollte sich ändern kurz vor dem Tage, an dem er 61 Jahre alt wurde, denn im selben Jahre hatte König Chlodwig die Alamannen geschlagen. Nun suchte er einen, der ihm das widerspenstige Volk regierte, das zwischen Rhein und Lech hauste. Es wollte und wollte sich ihm nicht unterwerfen und hatte den König der Goten, Theoderich, der den Römern ihr Westreich abgenommen hatte und in Rom herrschte, um Schutz vor den Franken gebeten.

»Wenn sie nur mit mir streiten wollten, ginge es ja noch an«, meinte Chlodwig, »aber seit kurzem beginnen sie sich gegenseitig totzuschlagen, und wenn das so weitergeht, ist bald keiner mehr von ihnen übrig. Geh zu ihnen, Swegelsang, sieh zu, warum sie das tun, und schau, wie du mit ihnen fertig wirst.«

So kehrte Swegelsang denn heim in das Land, das Hunwulf, sein Ahn, vor 236 Jahren erobert hatte, und fand bald heraus, warum die Alamannen sich untereinander stritten. Das Land, das sie bewohnten, war ihnen zu klein geworden. Zumindest bildeten sie sich das ein, denn ihre großen Viehherden fanden nicht mehr genügend Weiden. Mehr Felder zu bestellen aber verspürten sie offenbar keinerlei Lust, und der Unvernünftigste unter ihnen, ein kleiner, unangenehmer Mann, der zäh am Althergebrachten festhielt, rief eine große Versammlung ein.

... verschlang vor den Augen der entsetzten Alamannen das Schwert ...

»Als Ariovist nach Gallien zog«, krähte er, »wollte er weder Städte noch Äcker erobern, was er begehrte, waren saftige Weiden für unser Vieh, und auch Hunwulf verlangte es nach nichts anderem. Hör auf, Swegelsang, uns vom Ackerbau der Franken zu erzählen. Wir können dies Volk sowieso nicht ausstehen, außerdem glaube ich nicht, daß du ein Enkel von Forha und Falcho bist, sonst würdest du nicht so daherreden!«

»Wärst du nicht ein so kümmerliches Männchen, würde ich dich zum Zweikampf fordern, doch Bluotsuga ist mir zu schade für deinen Schädel«, erwiderte Swegelsang lachend.

Der Kleine wurde rot vor Wut. »Warte, du«, geiferte er, »bis ich dir mit meinem Schwerte das Maul stopfe!«

»Du hättest dazu keine Gelegenheit«, antwortete Swegelsang, »denn ich würde es einfach verschlingen.«

»Hört nur, o hört nur das Großmaul«, zeterte der andere, und die Männer schrieen Swegelsang ärgerlich zu, sie nicht zu verspotten.

Doch Swegelsang gebot ihnen zu schweigen und rief: »Werdet ihr mir folgen und so, wie ich euch lehre, das Land bebauen, wenn ich das Schwert dieses Männleins hier auf der Stelle verschlucke?!«

Da trat ein hochgewachsener Krieger an ihn heran: »Du weißt, Swegelsang, daß auch ich mich einen Nachkommen von Forha und Falcho nennen darf«, sagte er ruhig, »wir wollen dich beim Wort nehmen. Hier hast du meine Waffe, und mögest du daran ersticken, wenn du uns belogen hast. Hast du aber die Wahrheit gesprochen, so wollen wir König Chlodwig bitten, dich zu unserem Herzog zu bestellen, und wir werden das Land fürderhin so bebauen, wie du uns dies rätst.«

Und Swegelsang, der in Rom nicht umsonst in die Lehre eines afrikanischen Zauberers gegangen war, verschlang vor den Augen der entsetzten Alamannen das Schwert seines Vetters.

Swegelsang war nun Herzog, bereiste sein Land tagein, tagaus und lehrte die Alamannen nach fränkischer Sitte den Acker zu bestellen. Viele Jahre auch mühte er sich, ihnen zu beweisen, daß er einer der Ihren sei, und sie begannen ihn zu lieben. Doch bis es so weit war, war sein Haar weiß geworden.

Der Sommer ging zu Ende, und die Luft war von einem langen Regen reingewaschen. Allein stieg Swegelsang den Berg hinauf, den wir heute den Dreifaltigkeitsberg nennen. Er sah hinüber zu den Kegeln des Hegaus, und aus weiter Ferne schimmerten die Gipfel der Alpen. Sein Herz sehnte sich nach der Freiheit vergangener Jahre, und betrübt ließ er sich nieder, als Loki an ihn herantrat.

»Was sitzt du hier herum, Swegelsang«, rief er, »ich denke, wir haben in all den vergangenen Jahren viel Spaß gehabt.«

»Es kommt darauf an, wie man's sieht«, erwiderte Swegelsang mißmutig, »immerhin bin ich jetzt Herzog, und das ist ärgerlich genug.«

»Nimm das nicht so ernst«, kicherte der Gott, und dort, wo er gestanden, wiegte sich auf der Spitze eines Grashalms eine große braungrüne Grille.

Da griff Swegelsang in seine Jacke. Behutsam holte er

. . . den Berg hinabschreitend, spielte der Herzog der Alamannen ein munteres Liedchen.

seine Flöte hervor, und, den Berg hinabschreitend, spielte der Herzog der Alamannen ein munteres Liedchen.

Swegelsang starb auf der Burg, die er am meisten liebte. Sie lag ebenda, wo sich bei Friedrichshafen das Schloß Hofen auf einem in den Bodensee vorspringenden Horn erhebt. Und wenn der Dunst dicht über dem See liegt, so sieht man ihn dort an Bord seines Schiffes gehen und vergnügt über das weite schwäbische Meer fahren.

RAM

Eifrig erzählten sie von den Heldentaten der Sweben und Alamannen, und wenn sie nicht gestorben sind, so tun sie dies heute noch.

IM ZEICHEN DES RABEN

Wodan und Donar flogen über den Rhein und ließen sich auf dem Hohloh nieder. Sie waren traurig, denn jenseits des Stromes hatte man ihre Haine und Opferstätten zerstört, und allüberall beteten die Leute zu Christus. Voll Sehnsucht richteten sie ihre Blicke nach Osten, und im Abendlicht leuchtete die Alb vom Braunberg bei Aalen bis zum Lemberg bei Rottweil. Zwischen Schwarzwald und Alb aber lag das Land, in dem die Alamannen noch immer die alten Götter anriefen, und gierig spähten die zwei nach jedem Zeichen solcher Verehrung.

Wodan und Donar flogen über den Rhein . . .

So sahen sie denn auch unweit der Stelle, an der heute die Stadt Gültlingen liegt, eine große Anzahl Menschen, die einen der Ihren zu Grabe fuhr. Der Tote mußte ein vornehmer Mann gewesen sein, denn auf seiner Bahre lagen, neben vielem anderen, ein kostbarer Helm und ein prächtiges Schwert. Und in der Tat war es ein großer Kriegsherr, der seine letzte Fahrt tat; es war der jüngste Sohn Swegelsangs, der sich nach vielen ruhmreichen Kämpfen hier niedergelassen hatte und das Land beherrschte, das wir das Schlehen- oder Heckengäu nennen.

Die Menge begann die Totenlieder zu singen, und mit jedem neuen Lied empfahl sie den Helden Wodan. Der freute sich darüber, doch Donar wurde böse, denn es war ein alter Streit zwischen den beiden Göttern, wen von ihnen die Alamannen zumeist verehrten. So packte ihn denn der Zorn, und grimmig schleuderte er einen seiner Blitze in den Baum, der den andächtigen Sängern am nächsten stand. Dabei zerstörte er ein Rabennest, und weil der Rabe Wodan heilig war, erkannten die Menschen, gegen wen sich Donars Neid richtete, und sie stimmten sogleich ein Lied zu seinen Ehren an, das ihn versöhnte. Den Raben aber, der aus dem zerstörten Nest gefallen und dessen Flügel gelähmt schienen, übergaben sie einem der Söhne des toten Kriegers zur Pflege, und bald rief ein jeder den Jüngling, der sich des Tieres mit großer Liebe annahm, nur noch Ram, das heißt den Raben.

Den Raben aber übergaben sie einem der Söhne des toten Kriegers zur Pflege . . .

Wie alle Edelraben hatte Swarz, wie sein Beschützer ihn nannte, ein tiefschwarzes Gefieder, und wenn er den Kopf zur Seite legte und eines seiner klugen, braunen Augen auf die blauen Augen des blondlockigen Jünglings richtete, so war nicht schwer zu erraten, wer hier der Lehrmeister war.

Swarz zählte wohl an die fünf Jahre und wußte einfach alles. Er lehrte Ram, mit den Bäumen zu reden, und Ram erfuhr, wie er mit ihrer Hilfe kranke Tiere und Menschen heilen konnte.

Den Raben auf der Schulter, zog so der 18jährige bald von Hütte zu Hütte, trat zu den Kranken und sprach:

»Ich verwünsche Euch Gliederweh, Brandweh, Beinweh, in den tiefen Wald, in die hohe Eiche, in das stehende Holz und in das liegende. Dort schlagt euch herum und stoßet und gebet diesem Kranken Ruhe.«

Und wenn dies nichts nutzte, so setzte er einen heißen Trank an und beschwor die Holundermutter:

»Rund um die siedenden Kessel stehen die alten Holunder. Die alten Holunder singen, sie singen vom Leben, sie singen vom Tod, sie singen vom ganzen Menschengeschlecht. Die alten Holunder verleihen der ganzen Welt langes Leben; doch dem andern, dem üblen Tode, bestimmen die alten Holunder eine weite und große Reise. Die alten Holunder versprechen ein beständiges Leben dem ganzen Geschlecht der Menschen.«

Aber nicht immer halfen die Tränklein und Zaubersprüche, und Ram war betrübt, daß ihm nicht mehr Mittel zu Gebote standen, gegen die schlimmen Pfeile der Hexen und die bösen Geister, die sich der kranken Tiere und Menschen bemächtigten.

So saß er eines Nachmittags nachdenklich unter einer schönen Eiche und sah zu, wie Swarz mit einem Hunde spielte, dem er die vom Keiler arg zerschundenen Flanken geheilt hatte. Doch Faaho, der Greifer, wie Ram den Hund rief, schien heute zerstreut, und während die Sonne unterging, kam er zu Ram gelaufen. Seine Nackenhaare sträubten sich, und er zitterte am ganzen Körper. Leise winselnd versteckte er sich hinter Ram, und als dieser aufblickte, sah er Wodan. Wie sie ihn seit dreihundert Jahren beschrieben, stand der Gott vor ihm, in einen weiten, blauen Mantel gehüllt und das Haupt mit einem Hute bedeckt, dessen breite Krempe eine Narbe verbarg, die sein linkes Auge verschloß. Ihm zur Seite aber standen zwei riesige Wölfe.

»Ram«, sprach der Gott, »du hast Swarz, meinem Tiere, geholfen, und gerne würde ich dir dafür auch fernerhin beistehen. Doch meine Zeit ist abgelaufen. Deshalb begib, dich, bevor ich für immer gehen muß, morgen auf die Jagd. Du wirst einem Hirsche begegnen, und wo immer die Jagd auch endet, nimm an, was du dort vorfindest.«

Den Raben auf der Schulter, zog so der 18jährige bald von Hütte zu Hütte ...

... und als dieser aufblickte, sah er Wodan.

Die Sonne war untergegangen, und Faaho beschnüffelte in der Dunkelheit den Platz, von dem aus der Gott gesprochen. Swarz aber ließ ein leises Krächzen hören, denn er hatte alles verstanden.

ARZT DES KÖNIGS

In der Frühe des nächsten Morgens brachen die drei auf, und es dauerte nicht lange, so hatten sie jenseits der Nagold einen prächtigen Hirsch entdeckt. Ram warf den Speer, aber er fehlte, und das Tier rannte davon. Faaho nahm seine Spur auf, und Ram und Swarz folgten, so schnell sie konnten. Fort ging die Jagd, den Berg hinauf und hinunter ins Tal der Teinach. Dort, wo der Rötenbach in die Teinach mündet, schöpfte der ermattete Hirsch Wasser, und Ram setzte erneut zum Wurf an. Da vernahm er laute Stimmen, und als er vorsichtig weiterging, erblickte er mehrere Wagen und Zelte. Erstaunt blieb er stehen, Swarz jedoch kniff ihn in das Ohr, was soviel bedeutete, wie, vorwärts, sei ohne Sorge.

. . . schöpfte der ermattete Hirsch Wasser . . .

Unweit des Flusses stieß Ram auf ein Mädchen, das nach Kräutern suchte. Furchtsam senkte es die Augen, als der junge Mann mit dem Raben auf der Schulter und dem Hund an der Seite vor ihm stand.

»Du brauchst nicht zu erschrecken«, sagte Ram freundlich, »ich wohne nicht weit von hier, doch wer seid ihr? Noch nie habe ich Menschen in diesem Tale angetroffen.«

Das Mädchen blickte ihn ängstlich an. »Du trägst den Raben auf der Schulter, bitte sage mir, bevor ich dir antworte, bist du sein Herr?«

»Wie könnte ich sein Herr sein«, erwiderte Ram erstaunt. »Er ist das Tier Wodans, und wie du gewiß weißt, so frei wie du und ich.«

Da lachte das Mädchen fröhlich auf, nahm Ram bei der Hand und geleitete ihn zum Lager der Fremden. Und er erfuhr, daß diese von jenseits des Rheins gekommen waren und das Land verlassen hatten, in dem die Priester Christi die heiligen Haine und Bäume niederschlugen.

»Warum setzen sich unsere Götter nicht zur Wehr«, fragte das Mädchen weinend, und Ram erzählte ihr, was Wodan ihn tags zuvor gelehrt hatte.

»Weine dessetwegen nicht«, tröstete er, »denke nur an

die vielen heiligen Berge und Quellen, die wir besitzen. Sie können sie nicht zerstören, und wenn wir dort beten, so wird er, der Wodan nachfolgt, uns gewiß erhören.« Und das Mädchen, das den Namen Albruna trug, trocknete seine Tränen und sah ihn dankbar an.

Ram brachte die Fremden zum Hofe seines Bruders, der nun im Heckengäu herrschte, und er wies ihnen Land zu. Albruna aber kam eines Tages zu Rams Hof geritten.

»Komm mit«, sagte sie, »du hast mir geholfen, so will ich nun dir helfen«, und sie zogen zum Lagerplatz der Fremden ins Teinachtal.

»Nimm von dem Wasser, das dort aus der Quelle fließt und von dem der Hirsch trank, den du verfolgt hast«, riet Albruna; »als unsere Zelte hier standen, hat es viele von uns geheilt.«

Ram befolgte ihren Rat, und sein Ruf, als der eines wundersamen Arztes, drang weit über das Land hinaus bis hin zu König Theudebert, der seit einem Jahr über Franken und Alamannen herrschte.

Ram war 25 Jahre alt, als ihn der Bote erreichte, der ihn zum König befahl.

»Willst du auf mich warten, bis ich zurückkomme und für Swarz und Faaho sorgen«, fragte er Albruna, und sie nickte nur, waren die beiden sich doch von Herzen zugetan.

So belud Ram denn zwei Wagen mit Krügen voll des heilsamen Wassers aus der Hirschquelle des Teinachtales und zog dorthin, wo König Theudebert hofhielt.

Theudebert war ein stattlicher Mann, doch obwohl erst mittleren Alters, hatten ihm unzählige Feldlager ein schmerzhaftes Leiden eingetragen. So tat ihm denn das Teinacher Wasser gut, und Ram hatte dafür zu sorgen, daß es stets zur Stelle war.

Natürlich machten sich auch die großen Herren des Hofes die Kunst von Ram zunutze, und da er ein gutes Mittelchen kannte, um nach langen Trinkgelagen das Kopfweh zu vertreiben, war er bald ein gemachter Mann. So heiratete er Albruna, und zu ihrer Hochzeit trug sie den schönsten Schmuck, den man im Alamannenlande je gesehen. Trotzdem waren die beiden ein wenig traurig, vermißten sie doch bei ihrem Feste Swarz; Wodan hatte sein Tier zu sich gerufen.

Bald aber neideten die anderen Ärzte des Königs Ram seinen Erfolg und sannen Tag und Nacht darüber nach, wie sie ihn vom Hofe entfernen könnten. Und als Theudebert

»Nimm von dem Wasser, das dort aus der Quelle fließt . . .«

an den Kaiser der Römer im fernen Konstantinopel einen seiner Grafen sandte, drangen sie in diesen, den König darum zu bitten, daß Ram ihn begleite.

DER JUWELIER DER KAISERIN

Kaiser Justinian und seine schöne Kaiserin Theodora regierten seit 18 Jahren in Konstantinopel, als der Sendgraf Theudeberts mit seiner Gefolgschaft dort Einzug hielt. Ram, der neben dem Grafen ritt, staunte nicht wenig. Niemals zuvor hatte er so Großartiges gesehen, und selbst die Herberge, die ihnen zugewiesen wurde und die gewiß nicht die beste der Stadt war, dünkte ihm, ein Palast zu sein.

Der Kaiser, der den König der Franken nicht mochte, ließ den Grafen warten. Doch wenn er geglaubt haben sollte, daß dies den Franken stören würde, hatte er sich getäuscht. Der Graf war ein fröhlicher Mann, und er und seine Leute wußten bald, wie sich die Langeweile in der riesigen Stadt vertreiben ließ, zumal ihr Herr sie mit viel Gold auf den Weg geschickt hatte.

Auch Ram langweilte sich nicht, und es war wohl die fünfte Schenke, die er eines Abends aufsuchte. Sie lag in einer engen Gasse unweit des Hafens, und allerlei lichtscheues Gesindel trieb sich um sie herum, als er sie betrat. Doch ihn störte das nicht; gemütlich setzte er sich hinter einen Krug unvermischten Weins und sah vergnügt den Gauklern und Tänzerinnen zu, die ihre mannigfachen Künste zeigten.

Da wurde jäh die Tür aufgestoßen und auf Ram zu stürzte, laut um Hilfe schreiend, ein dunkeläugiger junger Mann mit schwarzen Ringellöckchen und schön gestutztem Bart.

Ram mochte solche Stutzer nicht, doch als er sah, daß zwei wüst aussehende Kerle dem Herrchen nach dem Leben trachteten, erhob er sich langsam. Die Verfolger des Burschen stutzten, denn Ram war wohl um einen Kopf größer als sie, aber als sie sahen, daß er keine Waffe trug, drangen sie mit ihren spitzen Dolchen auf ihn ein.

... drangen sie mit ihren spitzen Dolchen auf ihn ein.

Ram, der, wie wir wissen, ein friedlicher Mann war, hatte die Absicht gehabt, mit den Leuten zu reden und sie zu beschwichtigen, nun aber ging eine seltsame Veränderung in ihm vor. Und er, der noch nie einem Menschen ein Leid zugefügt, hatte einen der Angreifer mit dem vor ihm stehenden erzenen Tischchen niedergeschlagen, bevor der andere das Weite suchte.

Gaukler und Tänzerinnen waren verschwunden, und der Alamanne stand, das Tischchen noch immer in der Faust, verblüfft in der Mitte der Stube.

»Laß uns gehen«, hörte er den Stutzer flüstern, und, behutsam über den Gestürzten steigend, schlichen sie sich aus der Schenke und durch dunkle Gassen hin zu einem der großen Plätze der Stadt.

»Komm mit«, sagte der junge Mann und zog den mißtrauischen Ram durch das Portal eines Palastes, »ich möchte dich zu meinen Eltern und Geschwistern bringen und ihnen erzählen, was du für mich getan hast.«

An ihrem Haupt aber saß ein kostbar gekleideter alter Mann . . .

Vielerlei hatte Ram in dieser Stadt nun schon bewundert, doch was er hier zu sehen bekam, übertraf an Pracht alles bisher Geschaute. Nicht nur der Boden der weiten Halle, die sie betraten, sondern auch deren Wände waren mit herrlichen Mosaiken geschmückt, und die lange Tafel, die sie vor sich sahen, war mit silbernem und goldenem Geschirr übersät. An ihrem Haupt aber saß ein kostbar gekleideter alter Mann mit weißem Haar und langem weißen Bart, und Aharon, dessen Namen Ram nun erfuhr, stellte ihn seinen Eltern und zahlreichen Geschwistern vor, und sie dankten ihm überschwenglich.

»Die Polizei des Kaisers hat diese Burschen gedungen, um mich durch den Tod meines Sohnes zu warnen«, ereiferte sich Aharons Vater, und Ram bekam ausführlich zu hören, daß er neben dem Juwelier der Kaiserin Platz genommen, der es nicht nur verstanden hatte, unermeßlichen Reichtum zu erwerben, sondern auch das Ohr Theodoras zu gewinnen.

»Der Kaiser möchte das römische Reich in seinen alten Grenzen wiederherstellen und führt dazu einen Krieg nach dem anderen«, schalt der reiche Mann. »Er hat die Vandalen vernichtet und kämpft seit einem Dutzend Jahren mit den Goten um Italien; weißt du, wieviel uns dies kostet?« Ram wußte es nicht, doch glaubte er gerne, daß es den Kaiser ärgerte, wenn der Alte nicht nachließ, die Kaiserin zu beschwätzen, doch endlich Frieden zu schließen.

Ram und Aharon wurden Freunde . . .

Ram und Aharon wurden Freunde, und Ram zog von seiner Herberge in den Palast des Juweliers um. Viele gescheite und gelehrte Männer gingen dort täglich ein und aus, darunter nicht wenige Ärzte der Stadt und des kaiserlichen Hofes, und Aharon brachte sie mit üppigen Geschenken dazu, Ram ihre Kunst zu lehren. So erfuhr Ram denn, daß es nicht nur die Zaubersprüche und heilsamen Tränklein waren, mit denen man Menschen helfen konnte, und neben zahlreichen schwierigen Operationen, erlernte er auch die Kunst, die Leute Gedanken lesen und Bilder sehen zu lassen, ohne mit ihnen zu sprechen. Dabei rühmte er stets die Kraft des Teinacher Wassers und wurde böse, als Aharon ihn fragte, was er denn für einen Krug davon fordere.

»Die Quelle gehört allen Menschen«, schimpfte er, aber da er ein Alamanne war, ging ihm die Sache im Kopf herum.

Doch bevor er weiter darüber nachdenken konnte, starb die Kaiserin Theodora, und mit ihr starben alle Pläne für einen Frieden. Der Sendgraf Theudeberts ritt zurück, denn sein Auftrag war gewesen, den Kaiser zum Rückzug aus Italien zu bewegen. Mit ihm ritt Ram, und als sie das Frankenland erreichten, war auch König Theudebert tot. So trennten sich ihre Wege. Ram zog heim ins Alamannenland, und es dauerte nicht lange, so hatte er vergessen, was Aharon ihm zu Abschied zugerufen: »Warte nur ab, bald werde ich dich besuchen!«

DIE LETZTE HEERFAHRT

Fünf Jahre waren vergangen, und Ram saß fröhlich inmitten seiner Kinder, von denen das älteste, ein Mädchen, eben 16 Jahre alt geworden war, als Aharon in der Tür stand.

»Aharon, mein Freund«, rief Ram, »wie freue ich mich, dich zu sehen, doch was in aller Welt suchst du, feiner Mann, in unserem rauhen Land?!«

Aharon lächelte verschmitzt: »Das will ich dir gerne verraten, Ram, mein Lebensretter«, erwiderte er. »Du weißt, ich habe das Geschäft meines Vaters erlernt und handle wie er mit Schmuck. Doch der ständigen Kriege wegen sitzt das Geld den reichen Leuten in Justinians Reich nicht mehr so locker wie zuvor, und sie feilschen um jedes Goldstück. Hier bei euch ist leichter Geld verdienen; willst du sehen, was ich mitgebracht habe?« Und vor Rams und der Seinen erstaunten Augen ließ Aharon durch seine Diener eine Menge bunten Schmuckes ausbreiten.

»Du siehst, ich verstehe mein Geschäft«, lachte der vergnügt, »doch wie steht's um das deine? Was kostet mittlerweile ein Krug deines Teinacher Wassers?«

»Schau dir das an«, brummte Ram grimmig, entblößte seinen rechten Oberarm, und eine böse Narbe kam zum Vorschein. »Die Starrköpfe wollten nicht glauben, daß die Quelle mir allein gehört, und da die Richter sich nicht einig waren, verlangten sie das Urteil der Götter. Die dort oben haben mir natürlich recht gegeben, aber der Zweikampf gegen den Mann, der die anderen vertrat, war kein Kinderspiel, das magst du mir glauben.«

Aharon sah Ram bewundernd an. »Du mußt ein steinreicher Mann sein«, meinte er nachdenklich und verkaufte in den folgenden Monaten nicht nur seinen Schmuck, sondern auch Teinacher Wasser.

... verkaufte in den folgenden Monaten nicht nur seinen Schmuck, sondern auch Teinacher Wasser ...

Erst lange, lange Zeit danach geriet Rams Quelle in Vergessenheit. Dann aber – und man erzählt sich, abermals mit Hilfe eines Hirsches – wurde sie wieder entdeckt und nützt den Menschen noch heute.

Zwei Sommer gingen vorüber. Längst war Aharon der Schwiegersohn Rams, und sie erfreuten sich ihres gemeinsamen Reichtums. Da beschloß der Sohn König Theudeberts, der ein schwacher und willfähriger Mann war, dem Rat seiner Großen zu folgen und sich in den Krieg einzumischen, den Kaiser Justinian und die Goten noch immer um Italien führten.

Man schrieb das Jahr 555, als Herzog Butelin und sein Bruder Leuthari an der Spitze eines gewaltigen Heeres, das vornehmlich aus Alamannen bestand, über die Alpen zogen. Wo sie auf die Römer trafen, schlugen sie diese, und als Leuthari, der genug geraubt und geplündert hatte, mit seinen Leuten umkehrte, stieß Butelin weiter nach Süden vor und gelangte bis zur Stiefelspitze Italiens.

Doch sein Heer, in dem sich auch Ram befand, den er, seiner ärztlichen Kunst wegen, mitgenommen hatte, litt schwer unter der ungewohnten Hitze, und die Männer sehnten sich nach dem kühlen Schatten und den frischen Quellen ihrer Heimat. So marschierte Butelin denn nach Norden, als ihm unweit Capua der Feldherr Kaiser Justinians den Weg verlegte.

Butelins Krieger und er selbst waren niedergeschlagen. Seit Tagen hatten sie, einer bösen Krankheit wegen, nichts mehr gegessen, und selbst das Trinken bekam ihnen nicht. Viele Stunden standen sie nun schon in der glühenden

Sonne dem Heere der Römer gegenüber. Butelin wagte nicht anzugreifen, und Ram schämte sich für ihn, denn sie hatten dieselben Ahnen.

»Wenn wir hier schon sterben müssen«, dachte er, »so sollte es doch sein, während wir stürmen.« Und er entsann sich der Kunst, die er bei den Ärzten in Konstantinopel gelernt hatte und heftete seinen Blick fest auf den Herzog.

Butelin richtete sich auf. Vor sich sah er die Drachenfahne Hunwulfs und die Flügel des großen Falken auf dem Helme Falchos in der ersten Schlacht, die die Sweben gegen die Römer geschlagen. Und als erster des Keils der Alamannen brach der Herzog in die Reihen der Feinde ein.

»Das wird nicht gut ausgehen«, überlegte Ram, als er sah, wie die römischen Reiter und Bogenschützen die Alamannen im Rücken faßten. Und so war es auch, denn als die Sonne sank, lebten vom ganzen Heere Herzog Butelins noch fünf Mann.

Vorsichtig krochen sie unter den Hügeln der Toten hervor, unter denen sie sich verborgen hatten. »Du bist der Älteste«, sagte einer der Männer zu Ram, »wirst du uns in die Heimat führen?«

Ram schwieg und blickte sich verlegen um. Im Halbdunkel sah er einen großen Schwarm Raben heranfliegen und sich auf dem Schlachtfeld niederlassen. »Nun werden auch wir ihnen bald zur Atzung dienen«, sann er traurig und schlug böse mit seinem Speere nach einem der Raben, der an ihn heranhüpfte.

. . . als erster des Keils der Alamannen brach der Herzog in die Reihen der Feinde ein.

»Erkennst du mich denn nicht«, schnarrte Swarz mit heiserer Stimme und sah Ram mit schräg gehaltenem Kopf aus einem seiner braunen Augen an.

»Gewiß erkenne ich dich«, antwortete Ram, »aber du bist seit langem tot, und so muß ich das wohl auch sein, wenn ich mich hier mit dir unterhalte.«

»Darüber denke nicht nach«, krächzte Swarz leise und flog auf Rams Schulter. »Vorwärts, Ram, ich werde euch den Weg in die Heimat zeigen.«

Ein jedes Jahr danach trafen sich die fünf, die die letzte Schlacht der Sweben und Alamannen gegen die Römer überlebt hatten. Eifrig erzählten sie denen, die es hören wollten, aber auch denen, die es nicht hören wollten, von den Heldentaten der Sweben und Alamannen, und: wenn sie nicht gestorben sind, so tun sie dies heute noch.

Tafel I

Germane.
Der gegürtete langärmelige Leibrock und die lange Hose waren die bevorzugte Tracht des germanischen Mannes. (1. Jh. n. Chr.)

Tafel II

Keltische Goldmünzen. Noch zu Beginn des 1. Jh. v. Chr. waren vor allem Kelten die Gegner der Sweben. Ihre Zivilisation zeichnete sich durch ein entwickeltes Markt- und Städtewesen sowie die Geldwirtschaft aus. (2. und 1. Jh. v. Chr.)

Tafel III

Oben:
Im Jahre 58 v. Chr. begegneten die Sweben erstmals einem römischen Feldherrn: Gaius Julius Caesar. (100–44 v. Chr.)

Unten:
Der zweite bedeutende Gegner der Sweben war Tiberius. (Kaiser 14–37 n. Chr.)

Tafel IV

Oben:
Unter Marc Aurel wurden die Sweben nochmals vernichtend geschlagen. (Kaiser 161–180 n. Chr.)

Unten:
Erst zur Zeit des Gallienus gelang swebischen Kriegertrupps – nun unter dem Namen der Alamannen – die Eroberung Südwestdeutschlands. (Mitregent und Kaiser 253–268 n. Chr.)

Tafel V

Goldener Fingerring von Kemnat. Der Ring hat seine nächsten Entsprechungen in Schmuckstücken des alten swebischen Siedlungsgebietes.
(3. Jh. n. Chr.)

Tafel VI

Schmuck aus einem alamannischen Frauengrab von Lauffen.
(4. Jh. n. Chr.)

Tafel VII

Mit Tierköpfen und Edelsteinen versehene Gewandspangen aus einem Frauengrab bei Deißlingen. (6. Jh. n. Chr.)

Tafel VIII

Perlenketten alamannischer Frauen. (6. und 7. Jh. n. Chr.)

Tafel IX

Gewandspangen alamannischer Frauen. (5. und 6. Jh. n. Chr.)

Tafel X

Das im alamannischen Haushalt gebrauchte Geschirr bestand aus einfachen, handgemachten oder auf der Drehscheibe hergestellten Tongefäßen. (5.–7. Jh. n. Chr.)

Tafel XI

Kunstvoll gefertigtes Gerät aus Holz ist nur selten erhalten geblieben, wie in dem alamannischen Friedhof von Oberflacht. (6. und 7. Jh. n. Chr.)

Tafel XII

Schon während und unmittelbar nach der Eroberung Südwest deutschlands durch die Alamannen findet sich in reich ausgestatteten Gräbern feines Tongeschirr, das in römischen Werkstätten hergestellt wurde. So auch in alamannischen Frauengräbern von Lauffen. (4. Jh. n. Chr.)

Tafel XIII

Während des ganzen 6. und 7. Jh. n. Chr. wird im alamannischen Bereich in fränkischen Werkstätten hergestelltes Glas gebraucht.

Tafel XIV

In den alamannischen Friedhöfen finden sich besonders reich ausgestattete Grablegen. Sie weisen auf die Entstehung eines alamannischen Adels hin. Aus einer solchen Grablege auf dem Ailenberg bei Rüdern stammt die mit Edelsteinen besetzte Gürtelschließe eines Alamannen.
(5. Jh. n. Chr.)

Tafel XV

Helm, Langschwert mit Goldgriff, Wurfbeil, Schildbuckel, reicher Gürtelbeschlag und eine gläserne Trinkschale gehörten zur Grabausstattung eines alamannischen Fürsten, der bei Gültlingen bestattet wurde. (Um 500 n. Chr.)

Tafel XVI

Ein Zeugnis heidnischen Glaubens noch im 7. Jh. n. Chr. ist die goldene Brakteatenfibel aus einem alamannischen Frauengrab bei Pliezhausen.

Anhang

ZUR GESCHICHTE
DER SWEBEN UND ALAMANNEN

Das 1. Jahrhundert vor Christi Geburt, in dem Forha mit König Ariovist nach Gallien zog.

Im 1. Jahrhundert v. Chr. hatte Rom die Randstaaten des Mittelmeeres unterworfen und schickte sich an, die Kelten Frankreichs (Gallien) seinem Machtbereich einzugliedern. Zur selben Zeit bildete sich in Deutschland ein mächtiger Bund germanischer Völker: Der Bund der ›Sweben‹, dessen Namen die ›Schwaben‹ noch heute tragen.

Unter Führung des Heerkönigs Ariovist leisteten Krieger des Swebenbundes seit 72 v. Chr. den Galliern Kriegsdienste. Gegen deren Willen ließen sie sich mit Teilen anderer Völker im heutigen Elsaß nieder.

Von Gaius Julius Cäsar, der sie als erster nennt, 58 v. Chr. bei Rappoltsweiler gestellt, schlugen sich die Sweben über den Rhein zurück. Sie wurden an Lahn und Main seßhaft, wo wir einem ihrer Völker, den ›Markomannen‹ (das heißt Grenzmänner), um Christi Geburt wieder begegnen.

Das 1. Jahrhundert nach Christi Geburt, in dem Lint König Marbod diente.

Um weiteren germanischen Einfällen zu begegnen, drangen die Römer noch gegen Ende des 1. Jahrhunderts v. Chr. vorübergehend bis zur Elbe vor (9 v. Chr.). Ostwärts von ihr scharten sich Teile des Swebenbundes um das zum Bund gehörende Volk der Markomannen und dessen Fürsten Marbod (herrschte zirka 9 v. Chr. bis 17 n. Chr.). Er hatte, um der römischen Herrschaft zu entgehen, sein Volk vom unteren Main nach Böhmen geführt und ein Reich gegründet, das sich von der Donau bis an die Ostsee und von der Elbe bis hin zur Weichsel erstreckte. Wohl am Hofe Marbods, dessen Lage wir nicht kennen, entstand ein besonderer Stil des germanischen Kunsthandwerks, der sogenannte ›Markomannische Stil‹.

Ein im Jahr 6 n. Chr. von dem späteren Kaiser Tiberius unternommener Versuch der Römer, das Reich Marbods zu zerschlagen, scheiterte am Aufstand der Bewohner der römischen Provinz Pannonien. Unter ihrem Fürsten Bato wehrten sie sich gegen die Aushebung ihrer Männer, die im Kriege gegen die Markomannen eingesetzt werden sollten. An den Kriegen des Cheruskers Arminius gegen die Römer – die deren vorübergehende Herrschaft rechts des Rheines in der Schlacht im Teutoburger Wald 9 n. Chr. beendeten – nahm Marbod nicht teil, ja 17 n. Chr. kam es sogar zur Schlacht zwischen den beiden rivalisierenden Fürsten. Trotzdem stürzten die Römer im Jahre 17 n. Chr. Marbod und nahmen ihn gefangen.

Das 2. Jahrhundert, in dem Fiscari der Knecht der Römer wurde.

Nach der Inbesitznahme Südwestdeutschlands im 1. Jahrhundert, errichteten die römischen Kaiser gegen die Einfälle germanischer Völker auch dort den sogenannten Limes, ein Befestigungswerk, das vom Rhein bis zur Donau 548 Kilometer mißt. Trotzdem versuchten im Verlauf des 1. und 2. Jahrhunderts Völker des Swebenbundes immer wieder, in das Römische Reich einzudringen. So vorab die Markomannen.

In den Kriegen (166–180 n. Chr.), die der römische Kaiser Marc Aurel gegen sie führte, und in denen auch die Donauflotte der Römer immer wieder eingesetzt wurde, wurden sie nach anfänglichen Erfolgen, die ihre Streifscharen bis Italien führten, zur Unterwerfung gezwungen und über die Donau zurückgedrängt. Erhebliche Teile des Volkes wurden deportiert und auf römischem Gebiet angesiedelt.

Das 3. Jahrhundert, in dem Hunwulf mit den Alamannen das neue Land gewann.

Dem militärischen Druck des Perserreiches in Kleinasien und den Angriffen zahlloser germanischer Völker auf seine gesamte Nordostgrenze hielt das Römische Reich nur mühsam stand.

So gelang während der Regierung des Kaisers Gallienus,

swebischen Reiterscharen um 260 n. Chr. die Eroberung Südwestdeutschlands. Diese Kriegertrupps, die sich aus verschiedenen Völkern des Swebenbunds zu weitreichenden Raubzügen nach Gallien und Italien zusammengeschlossen hatten, nannten sich Alamannen. Seit Beginn des 10. Jahrhunderts setzte sich jedoch der alte Name der ›Sweben‹, das heißt heute der ›Schwaben‹, wieder durch. Erst in der Neuzeit wird im Schwarzwald und am Oberrhein der Name der Alamannen – nun meist Alemannen geschrieben – wieder gebraucht.

Das 4. Jahrhundert, in dem Fulja die Braut des Fürsten Withikab wurde und dem König der Alanen den Weg über den Rhein wies.

Den römischen Kaisern gelang es noch über ein Jahrhundert, den Boden des Reiches mit Erfolg zu verteidigen. Bis zum Jahre 378 n. Chr., in dem sie die Schlacht gegen die Goten bei Adrianopel verloren und schwere Verluste im Kampf gegen die Alamannen hinnehmen mußten, versuchten sie auch Südwestdeutschland wiederzugewinnen. Bleibende Erfolge errangen sie hierbei jedoch nicht. Auch die Niederlagen, die sie den Alamannen zufügten, ja selbst Anschläge wie die Ermordung ihres Fürsten Withikab, der vom Breisgau aus den südlichen Teil des Landes beherrschte, vermochten nicht, diese zur Unterwerfung zu zwingen. Sie behaupteten sich im eroberten Land, drangen am 31. Dezember des Jahres 406 n. Chr. mit den Alanen unter deren König Respendial sowie Quaden und Vandalen bei Mainz über den Rhein und besetzten im Laufe des 5. Jahrhunderts noch weite Teile des Elsaß und der Schweiz.

Das 5. Jahrhundert, in dem Swegelsang dem Reichsfeldherrn Ricimer begegnete, für König Geiserich zum Seeräuber und für König Chlodwig zum Herzog der Alamannen wurde.

Mit Alanen und Vandalen hatten die zum Swebenbund gehörenden Quaden den Rhein überschritten und waren bis Spanien vorgedrungen. Doch während die Vandalen und Teile der Alanen unter König Geiserich nach Nordafrika übersetzten, blieben sie auf der iberischen Halbinsel und errichteten in deren Nordosten für über eineinhalb

Jahrhunderte ein mächtiges ›Sweben‹-Reich. Aus einem seiner führenden Geschlechter stammt Ricimer, der als Reichsfeldherr zwischen 456 und 472 n. Chr. die Geschicke des weströmischen Reiches bestimmte. In Südwestdeutschland selbst erwehrten sich die Alamannen mit Erfolg der Burgunder und auch der nichtgermanischen Hunnen. Erst gegen Ende des 5. Jahrhunderts gerieten sie unter die Herrschaft des Frankenkönigs Chlodwig, doch blieb das Land weitgehend selbständig.

Bis heute ist umstritten, ob der nördliche Teil Südwestdeutschlands von Franken besiedelt wurde, oder ob sich dort nur die fränkische Mundart durchsetzte. Unzweifelhaft jedoch ist, daß zahlreiche zivilisatorische Errungenschaften der Franken von den Alamannen übernommen wurden, standen doch die Franken, die nach der Mitte des 3. Jahrhunderts erstmals genannt werden, in engem Kontakt mit dem Römischen Reiche.

Das 6. Jahrhundert, in dem Ram am Hofe König Theudeberts weilte, das Konstantinopel Kaiser Justinians besuchte und mit Herzog Butelin nach Italien zog.

Unter den Söhnen und Enkeln Chlodwigs, von denen besonders Theudebert hervorragte (herrschte 534–548 n. Chr.), dehnte sich das Frankenreich weiter aus. Auch in den Versuch des oströmischen Kaisers Justinian (Kaiser von 527–565 n. Chr.), das Römische Reich zumindest in Italien wieder herzustellen, griffen die Franken ein. Geführt von den alamannischen Herzögen Butelin und Leuthari, wurde ihr Heer 555 n. Chr. nahe Capua jedoch vernichtend geschlagen, und schon 568 n. Chr. geriet Italien in den Besitz der Langobarden. Die Heerfahrten der Sweben und Alamannen gegen das Römische Reich waren nach 600 Jahren zu Ende. Aber die Kraft des Volkes war ungebrochen. Wir finden die mächtigen Burgen der Staufer, Habsburger und Hohenzollern auf seinem Territorium, und trotz mannigfacher Völkerverschiebungen gehören das Sinnieren, die Freiheitsliebe und die Unternehmungslust noch heute zu den Eigenschaften der Leute, die zwischen Rhein und Lech wohnen.

SPRACHE, NAMEN UND ZITATE

Für die Sprache der Sweben und Alamannen gibt es keine schriftlichen Zeugnisse außer einigen magischen Formeln und den Namen für Orte, Gewässer, Völker oder Personen. Sie haben sich auf Schmuckstücken und Waffen in Runenschrift erhalten oder werden uns von griechischen und römischen Schriftstellern überliefert.

Erst aus der Zeit um 765 n. Chr. besitzen wir eine spätlateinische, verdeutschte Wortliste, die als die bislang älteste schriftliche Aufzeichnung der alten deutschen Sprache gelten darf. Diese Sprache, das sogenannte Althochdeutsch, das zwischen 750 und 1100 n. Chr. gesprochen wurde, liegt den Namen unserer Fabeln zugrunde, soweit sie nicht von geschichtlichen Personen entlehnt wurden oder lateinischen Ursprungs sind.

Der Name der Schwaben – lateinisch Suebi oder Suevi, verdeutscht Sueben oder Sweben – ist in seiner Bedeutung umstritten. Am wahrscheinlichsten ist eine Erklärung als ›Leute vom eigenen Volk‹ oder einfacher: ›Wir selbst‹. – Zum Namen der Alamannen siehe Seite 91.

Die beiden Rätsel auf Seite 50 sind alte Volksrätsel. Ihre Auflösung lautet: der Reiter. Hier zitiert nach Max Jähns. Roß und Reiter in Leben und Sprache, Glauben und Geschichte der Deutschen. Bd. I, Seite 163, Dr. M. Ständig oHG, Walluf bei Wiesbaden 1973.

Die Verse auf Seite 73 sind böhmische und russische Zaubersprüche des vorigen Jahrhunderts. Hier zitiert nach Wilhelm Mannhardt. Wald- und Feldkulte. Der Baumkultus der Germanen und ihrer Nachbarstämme. Bd. I, Seite 16 u. 17, Wiss. Buchgesellschaft, Darmstadt 1963.

Der Vers des Phaedrus, siehe Seite 8, ist zitiert nach Phaedrus, Liber I, Prologus. Fabeln der Antike. Herausgegeben und übersetzt von Harry C. Schnur, Seite 163, Heimeran Verlag, München 1978.

BILDERLÄUTERUNGEN UND BILDNACHWEIS

Es entspricht dem Rahmen dieses Buches, nur solche Objekte abzubilden, die im Württembergischen Landesmuseum Stuttgart im Original besichtigt werden können. Auf die Abbildung von Objekten aus dem alten swebischen Siedlungsgebiet an der Elbe wurde deshalb verzichtet.

An deren Stelle treten die Abbildungen keltischer und römischer Münzen aus dem Münzkabinett des Württembergischen Landesmuseums: Zeugnisse der materiellen Hinterlassenschaft jener beiden Völker, mit denen sich die Sweben zu Beginn ihrer Geschichte auseinandersetzen mußten.

Tafel I

Bronzefigur eines Germanen (9 cm hoch). Nur die Rückenansicht ist sorgfältig ausgearbeitet (1. Jh. n. Chr.).
Aufnahme: P. Frankenstein

Tafel II

Keltische Goldmünzen (2. und 1. Jh. v. Chr.).
Aufnahme: U. Klein

Tafel III

Vorderseiten von Denaren des Gaius Julius Caesar (100–44 v. Chr.) und Tiberius (Kaiser 14–37 n. Chr.).
Aufnahme: U. Klein

Tafel IV

Vorderseiten von Goldmünzen (Aurei) des Marc Aurel (Kaiser 161–180 n. Chr.) und des Gallienus (Mitregent und Kaiser 253–268 n. Chr.).
Aufnahme: U. Klein

Tafel V

Goldener Fingerring von Kemnat (3. Jh. n. Chr.).
Aufnahme: P. Frankenstein

Tafel VI

Perlen aus Bernstein und Glas, Nadel aus Silber mit Goldmanschetten, Fingerring aus Silber. Lauffen, Grab 2 (4. Jh. n. Chr.).

Tafel VII

Mit Tierköpfen und Almandinen versehene Gewandspangen aus Gold. Deißlingen, Grab 6 (6. Jh. n. Chr.).

Tafel VIII

Perlenketten aus Frauengräbern. Die Perlen sind hauptsächlich aus Glas, Bergkristall und Amethyst gefertigt (6. und 7. Jh. n. Chr.).

Tafel IX

Gewandspangen aus Frauengräbern, Silber vergoldet bzw. Gold mit Almandineinlagen (5. und 6. Jh. n. Chr.).

Tafel X

Krüge, Töpfe und Trinkgefäße aus Ton. Verschiedene Fundorte (5.–7. Jh. n. Chr.).

Tafel XI

Leuchter, Pilgerflasche, Trinkgefäße und Ausgußkanne aus Holz. Oberflacht (6. und 7. Jh. n. Chr.).

Tafel XII

Flasche und Schalen aus Ton. Lauffen, Grab 1 und 2 (4. Jh. n. Chr.).

Tafel XIII

Trinkgefäße, Glas. Verschiedene Fundorte (6. Jh. n. Chr.).

Tafel XIV

Gürtelschließe, Gold mit Almandineinlagen. Rüdern, Kreis Esslingen (5. Jh. n. Chr.).

Tafel XV

Beigaben eines Männergrabes. Gültlingen (um 500 n. Chr.).
Aufnahmen der Tafeln VI–XV: G. Planck

Tafel XVI

Goldene Brakteatenfibel aus einem Frauengrab. Pliezhausen (7. Jh. n. Chr.), Dm. 7,5 cm. Zur Darstellung vgl. Bucheinband.

Das Motiv gehört noch ganz zu den heidnischen Vorstellungen der Alamannen. Die Hauptfigur ist ein Krieger, der auf einem Pferde nach rechts reitet und mit der erhobenen Linken einen Speer schleudert. Vor dem Pferd liegt ein Krieger am Boden, der mit dem linken Arm sein Schwert

in die Brust des Pferdes stößt. Über dem Rücken des Pferdes ist eine weitere kleine Gestalt zu erkennen, die in der Rechten einen runden Schild hält, während sie mit der Linken den hinteren Teil des Speeres mit anfaßt. Man hat in dieser Figur einen ›göttlichen Sieghelfer‹ sehen wollen. Wenn aber in der Bildformel gerade nicht der Sieg, sondern mit und trotz göttlicher Führung die Gefährdung dargestellt ist, so ist dies nur unter der germanischen Vorstellung des Schicksals zu verstehen. Seinem Spruch ist auch das Wirken der Götter unterworfen, einbezogen in das schicksalhafte Werden und Vergehen. (Zitiert in Anlehnung an G. Haseloff, Kunststile des Frühen Mittelalters, Württembergisches Landesmuseum, Stuttgart 1979.)

Die zeichnerische Umsetzung des Reiters und der Löwen wurde mit freundlicher Genehmigung von G. Haseloff entnommen aus: Kunststile des Frühen Mittelalters, Seite 81, Württembergisches Landesmuseum, Stuttgart 1979.

Aufnahme: Fotoatelier des Württembergischen Landesmuseums

Von seiten der Süddeutschen Verlagsgesellschaft Ulm oblag Herrn Wolfgang Aust das Layout des Buches bis hin zum Umsetzen der Zeichnungen und der graphischen Gestaltung der Karten.

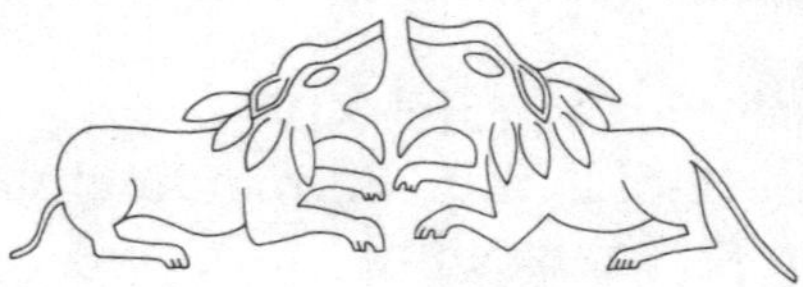